AF522933

Christa Boekholt

Lustige 5 Minuten Kasperlestücke

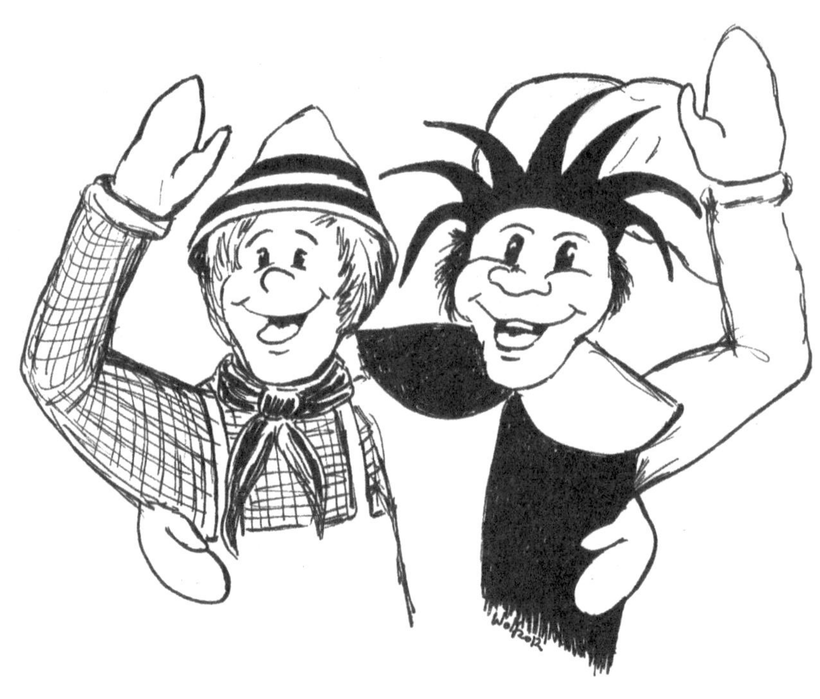

Christa Boekholt

Lustige 5 Minuten Kasperlestücke

Bassermann

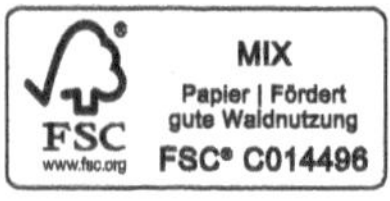

Penguin Random House Verlagsgruppe FSC® N001967

ISBN 978-3-8094-3018-6
10. Auflage 2025

Umschlaggestaltung, Layout und Satz: Atelier Versen, Bad Aibling
Titelillustration und Illustrationen im Innenteil: Wolf-Graphics Alexandra Wolf, Schnaitsee
Redaktion: Nina Andres, München
Herstellung: Elke Cramer

Druck & Bindung: GGP Media GmbH, Pößneck
Printed in Germany

Inhalt

Vorwort

Eine Kasperletheateraufführung ist der Höhepunkt eines Kindergeburtstags. Sie kann groß inszeniert werden, womöglich mit zwei Puppenspielern, aber es lässt sich auch vor weniger Publikum, also vor ein oder zwei Kindern, spielen. Das Puppenspiel kann einen verregneten Nachmittag beleben, ein krankes Kind aufmuntern oder zwischendurch eingeschoben werden, z. B. vor dem Zubettgehen.
Die Puppen können den Alltag der Kinder widerspiegeln, Probleme aufgreifen, Denkanstöße geben und Lösungen anbieten. Spielerisch lernen Kinder, zwischen Fantasie und Wirklichkeit zu unterscheiden. Das Wichtigste aber: Das Theaterspiel ist für Kinder wie auch für Erwachsene ein großer Spaß.

In diesem Sinn: viel Freude mit diesem Buch!

Christa Boekholt

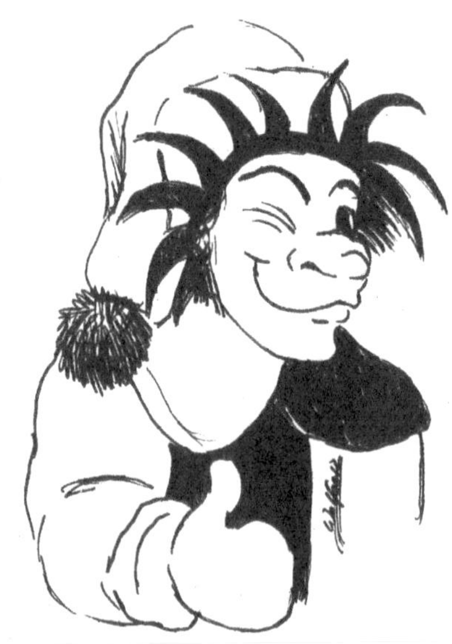

Mit Kindern Theater spielen

Ganz klar, dafür braucht man zunächst einmal Handpuppen. Es gibt sie in verschiedenen Qualitäten und Preisen im Spielwarenhandel zu kaufen, entweder als Figuren-Set (bestehend meist aus Kasper, Polizist, Räuber, Prinzessin, Hexe, Krokodil, Grete, Seppel) und inklusive Bühne oder auch einzeln. Ein Tipp aus Erfahrung: Achten Sie nicht so sehr darauf, dass die Figuren hochwertig, sondern lieber darauf, wie ansprechend sie für Ihre Kinder sind. Der teuerste, handgeschnitzte Kasperle nützt nichts, wenn Ihr Kind seine Gesichtszüge angsteinflößend findet und das fröhliche Lächeln und schreiend bunte Kostüm des billigen Kaspers mit dem Plastikkopf viel netter findet.

Nichts muss perfekt sein

Da Kinder über sehr viel Fantasie verfügen, sind Requisiten und Bühnenbilder nicht unbedingt erforderlich oder können auf das Nötigste reduziert werden. Ein Sack muss nicht ein Sack, sondern kann z. B. auch eine Socke sein, eine Hexe muss nicht unbedingt auf einem kleinen Besen reiten, ein Bleistift erfüllt den gleichen Zweck. Ein Gespenst entsteht ganz einfach durch ein übergeworfenes Taschentuch. Auch eine Kasperbühne ist nicht unbedingt nötig, der Puppenspieler/die Puppenspielerin kann sich genauso gut hinter dem Sofa verbergen oder auch gar nicht. Kinder sind Meister im „So-tun-als-Ob“. Wenn Sie jedoch über eine Puppenbühne verfügen, macht es den Kindern bestimmt viel Spaß, die Bühnenbilder selbst zu basteln: Dazu braucht man ein großes Stück schwarzes Tonpapier, einen Bleistift, farbiges Transparentpapier, eine Schere und Kleber. Die Kinder malen das Motiv selbst auf das Tonpapier auf, z. B. den Zauberwald, das Dorf oder das Schloss, je nach Fähigkeit und Alter können sie es auch selbst ausschneiden. Anschließend werden die ausgeschnittenen Stellen mit farbigem Tonpapier hinterlegt und festgeklebt. Das fertige Bühnenbild kann dann an einer Stange, zur Not tut es auch ein Besenstiel oder ein Zollstock, befestigt werden und auf die Seitenwände gelegt werden.

Spielmaterial findet sich überall

Generell lässt sich mit wirklich Allem spielen, das Entscheidende sind wie gesagt nicht teure Puppen und Requisiten, sondern Fantasie und Spielfreude. Wenn weder Kasperlepuppen noch sonst irgendwelche Schmusetiere oder Handpuppen aufzutreiben sind, tun es auch Barbie-Puppen oder Spielfiguren aus Kinder-Tüten von Schnellrestaurants. Auch Hüte, Socken und Obst kann man sprechen lassen. Nicht zu vergessen die eigenen Hände, die sich mit Hilfe eines Kugelschreibers in die Köpfe von Kasper und Seppel verwandeln lassen. Oder man bemalt gleich alle Fingerkuppen: Im Vergleich zum „normalen" Handpuppentheater haben solche einfachen Fingerpuppenstücke den nicht von der Hand zu weisenden Vorteil, dass ein einziger Puppenspieler theoretisch bis zu zehn Figuren gleichzeitig auftreten lassen kann! Der Versuch, alle zehn Figuren beim Spiel auseinander zu halten, wird zwar auch geübte Puppenspieler zur Verzweiflung treiben, aber die Kinder kämen höchstwahrscheinlich selbst dabei auf ihre Kosten. Und darauf kommt es schließlich an.
Neben den Puppen und Requisiten sind vor allem drei Dinge für das Puppentheater wichtig: Improvisation, Spannung und Humor.

Improvisation sorgt für mehr Lebendigkeit

Kasperletheater ist nicht nur Theater für Kinder, sondern auch Theater mit Kindern. Es ist kein distanziertes Publikum, das da vor der kleinen Bühne auf dem Boden kauert, sondern ein Publikum, das fiebernd dem Spiel folgt. Die Zuschauer sitzen in der Regel nicht ruhig da, sondern springen auf, zappeln aufgeregt herum, fuchteln mit den Händen, schreien dazwischen, halten sich in spannenden Momenten die Ohren oder Augen zu, lachen bei lustigen Stellen laut oder spielen auch spontan mit. Wenn es so hoch hergeht, ist dies ein Kompliment an den Puppenspieler/die Puppenspielerin, der oder die es gut verstanden hat, sich auf die Kinder einzustellen, sie weder sprachlich noch inhaltlich oder emotional zu unter- bzw. überfordern. Denn es kommt beim Kasperletheaterspielen weniger darauf an, sich korrekt an den vorgegebenen Text zu halten und eine perfekte Aufführung zu bieten, als vielmehr zu improvisieren.

Die Kinder direkt ansprechen

Je direkter die Kinder angesprochen werden, je mehr sie einbezogen werden in die Handlung, desto mehr gehen sie mit. Unverzichtbar und wichtig sind deshalb die Fragen zu Anfang des Stücks (Hallo, Kinder! Seid ihr alle da?), sie werden als geliebtes Ritual von den Kindern geradezu erwartet.

Um die Kinder zum Mitmachen und Mitdenken zu bewegen, sollte man ihnen mehr Informationen zukommen zu lassen als den Figuren, die werden sie nämlich begeistert weitergeben. Ein wirksames Mittel ist zum Beispiel das Auftauchen einer Figur im Hintergrund, bevor das die Puppe bemerkt, die bereits auf der Bühne ist. Die Kinder sehen z. B. das Krokodil schon, aber der Kasper, der nach vorn zu den Kindern blickt, sieht es nicht. Natürlich könnte der Kasper es sehen, wenn er sich umdrehen würde, aber da der Puppenspieler ihn sich nicht umdrehen lässt, sondern nur fragen lässt: „Wo steckt denn nur das Krokodil?" während es schon hinter dem Kasper steht, haben die Kinder einen Wissensvorsprung, den sie genießen werden.

Spontan reagieren

Wenn man die Geschichte grob im Kopf hat, bleibt man offen für Veränderungen, für Fantasie, für Interaktion. Dann kann man sein eigenes Spielkonzept hintan stellen und den kleinen Zuschauer ins Spiel eingreifen lassen, weil der den Zauberer vertreiben oder dem Kasper verraten will, wer das Kaninchen geklaut hat. Dank des lebhaften Publikums wird kaum eine Aufführung wie die andere sein, und darin liegt auch der Reiz der Sache: Mit zunehmender Erfahrung werden sich Spielroutine und die Fähigkeit zur Improvisation einstellen, aber niemals Langeweile.

Spannung sorgt für mehr Unterhaltung

Jede Geschichte lebt von der Spannung. Beim Kasperletheater ist sie genauso wichtig wie beim Theater für die Großen. Doch beim Theater für Kinder ist ein wenig Vorsicht geboten: Manche Kinder, gerade die Kleinsten oder diejenigen, die noch keine große Kasperletheater-Erfahrung haben, ängstigen sich schnell. Für die kleinen Leute handelt es sich um lebendige Figuren, und was da geschieht, ist in diesem Moment real für sie. Das hat nicht nur mit ihrer großen Fantasie zu tun, sondern auch damit, dass für Kinder im Vorschulalter nichts unmöglich ist. Sie müssen erst langsam herausfinden, was alles möglich ist und was nicht.

Zunächst glauben sie den Erwachsenen bedingungslos, was die erzählen. Was ist aberwitziger: Daran zu glauben, dass der Osterhase die Eier für ein kleines Kind im Garten versteckt, oder daran, dass das Kaninchen, das vor ihm herhoppelt, auch gerade auf dem Weg zum Lebensmittelgeschäft ist, um dort einzukaufen? Kein zweieinhalbjähriges Kind wäre z. B. wirklich erschüttert, vor sich an der Kasse ein Kaninchen mit einem Bund Möhren zu sehen. Es würde sich auch nicht wundern, wenn die Taube, der es vorschlägt, doch mit zum Spielplatz zu kommen, wirklich mitflöge. Könnte ihm das Sandmännchen aus Tonpapier, das neben seinem Bettchen hängt, Sand in seine Augen streuen?

Kinder beobachten

Ein vierjähriges Kind bekam zum Geburtstag ein Kasperletheater mitsamt Figuren geschenkt. Die Freude war groß, aber nach ein paar Tagen bemerkte die Mutter, dass ihr Kind jeden Abend sorgfältig die Vorhänge vor der Bühne zuzog. Einige Wochen später, es ging auf Weihnachten zu, überlegten sie gemeinsam, was auf den Wunschzettel fürs Christkind sollte. Da stellte es die Frage: „Mami, kann das Christkind auch wieder etwas mitnehmen?" – „Was soll das Christkind denn wieder mitnehmen?" – „Den Kasper!" kam es erleichtert. Wochenlang hatte das Kind jede Nacht Angst vorm Kasper. Vielleicht sah diese spezielle Puppe für das Kind furchterregend aus, vielleicht war der Kasper in der Fantasie des Kindes zu lebendig. Hier ein paar Tipps, unnötige Ängste zu vermeiden:

A: Eigentlich selbstverständlich: Das Böse, wenn es auftaucht und bekämpft wird, sollte am Ende immer besiegt werden. Kinderseelen können mit einem offenen Ende oder einer Tragödie nicht gut umgehen. Wenn man es mit sehr furchtsamen Kindern zu tun hat, wäre es eventuell sogar besser, wenn es zunächst gar keinen Bösewicht gibt. Spannung lässt sich z. B. nicht nur durch den Kampf mit dem Bösen, sondern auch durch die Suche nach etwas Verlorenem oder eine aufregende Reise erzeugen. Oder man wählt ein Stück, das weniger spannend, aber dafür umso lustiger ist.

B: Die Kinder sollten am Ende des Stücks Gelegenheit haben, den Kasper und vielleicht eine andere Figur persönlich und hautnah, quasi per Handschlag, zu begrüßen, und zwar mit dem Erwachsenen, der ihn spielte. Kinder erkennen so, dass sie es nur mit Puppen zu tun haben. Keine Sorge, dass ihnen die Illusion geraubt wird, sie werden weiterhin begeistert mit dem Kasper sprechen, aber nach dem Spiel wissen, dass keine Figur ein Eigenleben entwickeln kann. Hilfreich sind z. B. auch Fragen an die Kinder wie: „Dieses Krokodil hier tut keinem etwas. Wisst ihr auch, warum?" – „Genau, weil es nur aus Stoff ist."

C: Gut fürs Selbstbewusstsein eher furchtsamer Kinder sind Helden-Rollenspiele: Unser vierjähriger Sohn verzauberte einen ganzen Urlaub lang beim abendlichen Strandspaziergang mit Hingabe schlimme Zauberer: Zunächst wurde eine „Zaubersocke" nach dem Zauberer geworfen, dann der „Zauberstab" (ein kleiner Zweig), und – Simsalabim – wurde aus dem bösen Zauberer ein Stapel Liegen, ein Baum, ein Strauch, ein Volleyballnetz, ein Sonnenschirm ... – Bei einem von ihm heiß geliebten Theaterstück, in dem der Räuber als Gespenst verkleidet die Prinzessin erschreckt, überließ er die Auseinandersetzung mit dem Räuber nicht dem Kasper, sondern schlug den Bösewicht, mit einem Bettlaken über dem Kopf und einer Wasserpistole als Waffe, als viel größeres und daher schrecklicheres Gespenst gleich selbst in die Flucht. Es tut so gut, einmal nicht klein und schwach, sondern groß und mächtig zu sein!

Humor sorgt für mehr Spaß

Humor ist die dritte Säule des Puppentheaters. Menschen lachen gern, und Kinder ganz besonders (Erwachsene lachen im Durchschnitt 20 Mal am Tag, Kleinkinder 200 Mal). Man sollte beim Selbsterfinden von Theaterstücken aber wissen, dass Kinder im Puppentheater-Alter noch keine Ironie verstehen können. Auch sollte das Kasperletheater nicht der Ort sein, an dem Schadenfreude übermäßig trainiert oder Gewalt gezeigt wird. Den Bösewicht erschrecken,

überlisten und in den Sack stecken, also unschädlich machen und zur Polizei bringen, ist in Ordnung. Prügeln nicht, auch nicht für Kasper oder den Polizisten.
Was gut ankommt, sind Situationskomik, lustige Wörter und Versprecher, Albernheiten und Verwechslungen (wie beispielsweise in „Der verzauberte Seppel" und „Kasper und Seppel besuchen Großmutter" und „Kaffeetrinken mit Kasper und Bärchen"). Sie können beliebig eingestreut werden und sind besonders nützlich, um die Kinder nach spannenden Stellen wieder aufzulockern.

Die Kinder als Puppenspieler

Nachdem die Kinder ein wenig Anregung bekommen haben, werden sie wahrscheinlich die Sache selbst in die Hand nehmen wollen. Das ist ganz wunderbar, weil die aktive Rolle des Puppenspielers noch mehr Spaß macht und ein Weg in Richtung kreativen, selbständigen Spiels ist. Und die Kinder werden sehr stolz sein, wenn sie ihr erstes Stück für die Erwachsenen aufführen können und mit viel Applaus belohnt werden!

Anmerkung zu allen Stücken: Mit (...) sind die Stellen gekennzeichnet, an denen den Kindern Gelegenheit zur Antwort gegeben wird.

Kasper und der Löwe

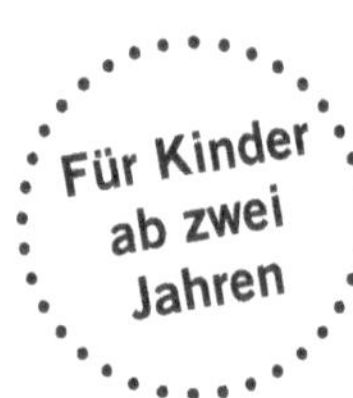

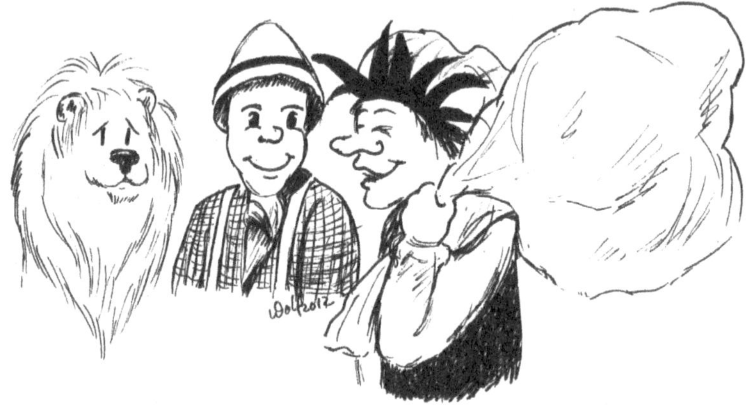

Inhalt: Der Polizist bittet Kasper, ihm bei der Suche nach dem Löwen zu helfen, der aus dem Zoo ausgebrochen ist. Kasper und Seppel suchen nach dem Löwen im Zauberwald. Der ausgebrochene Löwe, dem es ohne Spielkamerad im Zoo zu langweilig war, ist im Zauberwald eingeschlafen und wird vom bösen Zauberer entführt. Kasper gelingt es, den bösen Zauberer zu überlisten und den Löwen zu befreien, der erleichtert in den Zoo zurückkehrt.

Zu diesem Stück: Dies ist ein Stück der klassischen Kasperbühne, das eine gelungene Mischung aus Spannung und Humor bietet. Wegen der ausgeprägten Interaktion eignet es sich schon für Kinder ab zwei Jahren. Die Jüngsten werden bestimmt nicht alles verstehen, aber sehr schnell begreifen, wann es an der Zeit ist, in höchster Lautstärke „Ja!!“ oder „Nein!!“ zu rufen, und sehr viel Spaß daran haben. Sollte sich kein Zauberer unter Ihren Handpuppen befinden, kann er durch den Räuber ersetzt werden.

Figuren (in der Reihenfolge ihres Auftritts):
Polizist, Kasper, Seppel, Löwe, Zauberer

Spieler: 2

Was sonst noch gebraucht wird:
Zwei verschieden große Säcke (z. B. kleine Stoff- bzw. Plastiktüte oder Serviette zusammenbinden); Kette (z. B. einfache Halskette)

1. Akt **Im Dorf**

Polizist: Hallo, Kinder! (...)

Polizist: Seid ihr alle da? (...)

Polizist: Das ist schön. *(sieht sich um)* Aber wisst ihr, wer nicht da ist? Ich suche jemanden. Wisst ihr, wen ich suche? (...)

Polizist: Den Kasper suche ich. (oder: Genau, den Kasper). Kasper, wo steckst du bloß? Kinder, helft ihr mir, den Kasper zu rufen? Ja? Also, alle zusammen, ganz, ganz laut: KASPER! KASPER! KASPER!

(Aus dem Hintergrund singt Kasper: Tri, tra, trullala, tri, tra, trullala, der Kasper, der ist wieder da.)

Polizist: Kinder, ich glaube, das ist der Kasper. Noch mal ganz laut, alle zusammen: KASPER! KASPER!

Kasper: He, wer ruft mich da? Das ist ja vielleicht ein Lärm! *(Sieht den Polizisten):* Ach, guten Tag, lieber Herr Polizist. Weißt du vielleicht, wer mich gerufen hat?

Polizist: Ja, das war ich, und die Kinder haben mir dabei geholfen.

Kasper: Welche Kinder? *(dreht sich um zum Publikum)* Ach, **die** Kinder! Hallo, Kinder! (...)

Kasper: Ihr könnt ja laut rufen! Aber was wollt ihr denn von mir?

Polizist: Kasper, wir brauchen deine Hilfe. Stell dir vor, der Löwe ist aus dem Zoo ausgebrochen.

Kasper: Der große, braune Löwe ist ausgebrochen? Und wo ist er jetzt?

Polizist: Wahrscheinlich ist er in den Zauberwald gelaufen. Hier im Dorf hat ihn keiner gesehen, aber drüben am Waldrand habe ich Pfotenabdrücke im Gras entdeckt.

Kasper: Und was machen wir nun? Jemand muss ihn doch wieder einfangen.

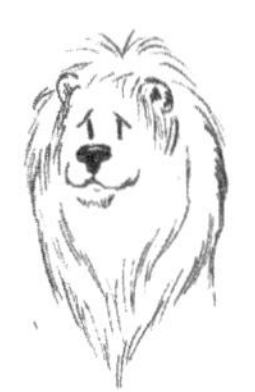

Polizist: *(nickt heftig)* Genau. Und zwar du.

Kasper: Ich? *(Polizist nickt)*

Kasper: Ich selbst? *(Polizist nickt)*

Kasper: Was meint ihr, Kinder, soll ich den Löwen wieder einfangen? (...)

Polizist: Also gut dann, viel Glück, Kasper. Tschüs, Kasper, tschüs, Kinder! *(Polizist ab)*

Kasper: Allein schaffe ich das nicht. Aber ich habe eine Idee: Mein Freund Seppel kann mir helfen. Kinder, ruft ihr ganz laut nach dem Seppel? Alle zusammen: SEPPEL! SEPPEL! SEPPEL!

Seppel: Wer ruft mich? *(sieht die Kinder)* Oh, hallo, Kinder! *(dreht sich zu Kasper um)* Hallo Kasper. Was ist denn los? Warum habt ihr mich gerufen?

Kasper: Stell dir vor, der Löwe ist aus dem Zoo ausgebrochen! Du und ich, wir suchen jetzt nach dem Löwen, ja?

Seppel: Aber so ein Löwe ist doch gefährlich, oder?

Kasper: *(ausweichend)* Kann schon sein.

Seppel: Kinder, sind Löwen gefährlich? (...) Siehst du, Kasper, die Kinder sagen auch, dass der Löwe gefährlich ist. Stell dir vor, wir finden den Löwen, und er frisst uns einfach auf. Schließlich hat er nichts mehr zu essen bekommen, seit er aus dem Zoo ausgebrochen ist. Der Löwe hat jetzt bestimmt ganz großen Hunger *(fängt an zu zittern).*

Kasper: So viel Hunger, dass er einen ganzen Seppel fressen könnte?

Seppel: Und einen ganzen Kasper.

Kasper: *(zieht einen Sack hervor)* Dann müssen wir vorsichtig sein. Am besten, wir nehmen diesen großen Sack mit. Wir locken den Löwen da rein, und wenn er im Sack ist, kann er uns nichts mehr tun. Ist das ein guter Plan, Kinder? *(...)*

Seppel: (verlegen*)* Warte, Kasper. Ich hab' mir in die Hose gemacht. Ich ziehe mich eben um! *(Seppel ab)*

Kasper: Das passiert jedem mal. Aber du brauchst keine Angst zu haben. Ich bin ja bei dir.

Seppel: Da bin ich wieder!

Kasper: Auf zum Zauberwald!

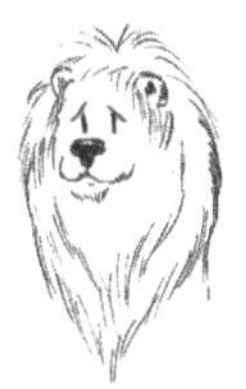

2. Akt **Im Zauberwald**

Löwe: Uaahhr! Uaahhr! Mir ist ja so langweilig! Ich bin aus dem Zoo weggelaufen, weil ich so große Langeweile hatte. Kein anderer Löwe zum Spielen, den ganzen Tag war ich allein. Jeden Tag das gleiche. Und dann hat der Wärter vergessen, die Tür abzuschließen. Ich dachte, ich laufe einfach mal raus und suche mir jemanden, mit dem ich spielen kann. Aber ich laufe und laufe im Wald herum und weiß gar nicht mehr, wo ich bin. Und Hunger habe ich auch. Und müde bin ich. Uaahhr. Ich lege mich mal hin und schlafe ein wenig. Chhhh ....chhhhh ....chhhhh ...

Zauberer: Oh, was haben wir denn da! Einen Löwen, na so was! Den fange ich mir ein und bringe ihn in meine Zauberhütte, und dann mache ich ihn mit einer Kette vor der Hütte fest. Hi, hi, hi! Gut, dass er schläft, da kann ich die Kette einfach um seinen Hals legen! *(legt die Kette um den Hals des Löwen)*

Löwe: *(wach werdend)* Aua! Aua! Loslassen! Hilfe, Hilfe!

Zauberer: Kommst du wohl mit, du blödes Tier, du gehörst jetzt mir, hi, hi, hi!

Löwe: Hilfe, Entführung! Hilfe! Ich will nicht mitkommen! Loslassen! Hilfe! Hilfe!

(Der Zauberer zieht den Löwen hinter sich her, beide zeternd ab)

3. Akt **Im Zauberwald**

Kasper: Seppel, hast du das gehört?

Seppel: Was denn?

Kasper: Da hat doch jemand um Hilfe gerufen. Kinder, habt ihr das auch gehört? (...)

Kasper: Wer hat denn da um Hilfe gerufen? (...)

Kasper: Seppel, hast du das gehört? Die Kinder sagen, der Löwe hat um Hilfe gerufen. Aber warum denn? Was ist mit dem Löwen passiert? (...)

Kasper: Der böse Zauberer hat den Löwen entführt, sagt ihr?

Seppel: Aber wo ist der Löwe jetzt?

Kasper: Kinder, wisst ihr, wohin der böse Zauberer den Löwen gebracht hat? (...)

Kasper: Zur Zauberhütte also! *(Oder:* Ihr wisst es auch nicht? Aber ich glaube, ich weiß, wohin er den Löwen gebracht hat: In seine Hütte, die Zauberhütte!)

Seppel: Ich weiß, wo die ist. Dort ist es aber unheimlich!

Kasper: Du hast doch keine Angst, oder?

Seppel: *(zittert)* Ich? Quatsch!

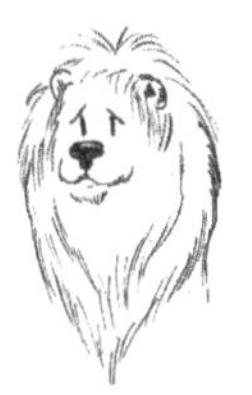

Kasper: Na dann lass uns schnell zur Zauberhütte gehen.

Seppel: Gut! *(zittert immer noch)*

(Beide gehen los. Hinter ihnen taucht der Zauberer auf)

(Die Kinder kreischen vermutlich und rufen: Da! Der Zauberer! Hinter dir!)

Kasper: Was ruft ihr, Kinder? Hinter mir? *(dreht sich um, erschrickt)* Oh, recht guten Tag, Herr Zauberer, zu dir wollten wir gerade.

Zauberer: So? Warum denn?

Kasper: Stell dir vor, ich habe eine Zaubermaus gefunden. Wenn sie ein Stück Wurst frisst, wird sie so groß wie ein Löwe, und wenn sie Käse frisst, wieder zu einer kleinen Maus.

Zauberer: Sehr interessant.

Kasper: Willst du sie einmal sehen? Ich habe sie hier in meinem Sack gefangen.

Zauberer: *(kommt näher)* Ich sehe nichts.

Kasper: Haha, das kommt daher, dass ich der Zaubermaus gerade Käse gegeben habe, damit sie wieder ganz klein wird. Das ist praktischer, wenn ich sie trage, weißt du.

Du musst mit dem Kopf tiefer in den Sack, um sie zu sehen, sie sitzt ganz unten!

Zauberer: *(verschwindet fast im Sack)* Ich kann immer noch nichts sehen!

Seppel: *(steckt den Zauberer in den Sack)* So, da hab ich ihn! Jetzt schnell den Sack zubinden, und fertig. Juhu, Kinder, der böse Zauberer ist im Sack!

Zauberer: Lass mich raus!

Seppel: *(den Sack zuhaltend)* Erst, wenn wir bei der Polizei sind.

Löwe: *(aus dem Hintergrund)* Uaahhr! Hilfe!

Kasper: Oh, der Löwe, den hätten wir fast vergessen. Löwe, ich komme!

(Kasper ab, Kasper und Löwe tauchen gemeinsam wieder auf)

Löwe: Ich bin so froh, dass du gekommen bist, Kasper! Bringst du mich zurück nach Hause in den Zoo? Ich habe solchen Hunger!

Kasper: Natürlich. Aber sag mal, warum bist du eigentlich weggelaufen?

Löwe: Ich war so allein und hatte Langeweile.

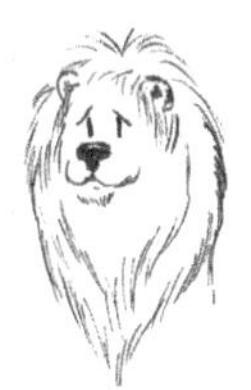

Kasper: Das kann ich gut verstehen. Du armer Löwe.

Seppel: Ab jetzt kommen der Kasper und ich dich jeden Tag besuchen, ja?

Löwe: Das ist schön!

Kasper: Aber jetzt schaffen wir den Zauberer zu Polizei, ja?

Löwe: Au fein, wirf mir den Sack über den Rücken, ich trage ihn.

Kasper und Seppel: Hau-ruck! *(werfen den Sack auf die Schulter des Löwen)*

Zauberers Stimme: Aua, seid gefälligst vorsichtig!

Kasper und Seppel: Tschüs Kinder, bis zum nächsten Mal, und danke für eure Hilfe!

Löwe: Tschüs, Kinder!

Kasper und Seppel: Tri, tra, trullala, die Geschichte ist nun aus. Tri, tra, trullala, wir geh'n geschwind nach Haus.

– Ende –

Gretes Geburtstag

Für Kinder ab zwei Jahren

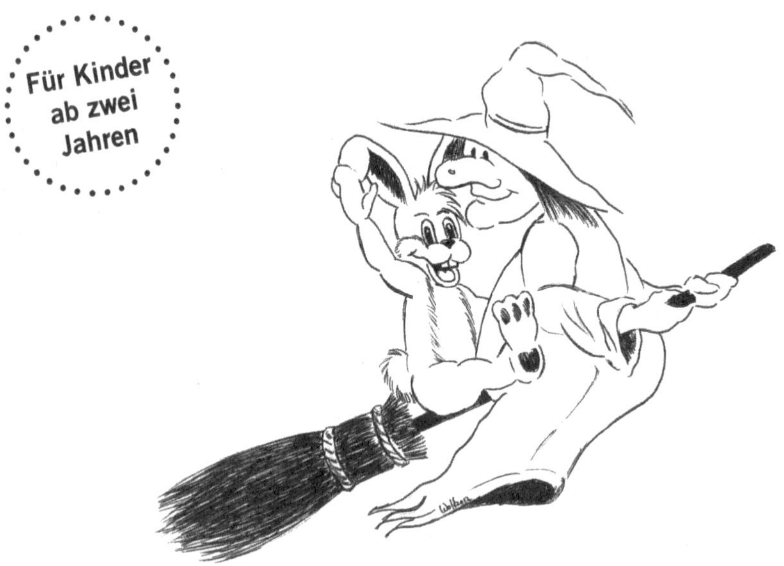

Inhalt: Grete hat Geburtstag, und Kasper möchte ihr ein Kaninchen schenken. Als er eine Geschenkschleife besorgt, stiehlt der Räuber das Kaninchen, um es der Hexe zu schenken, die ebenfalls Geburtstag hat. Kasper findet schließlich die Hexe und den Räuber im Zauberwald, der Räuber verspricht, nie wieder zu stehlen, und alle gehen zusammen zu Grete und essen Kuchen. Zum Schluss verteilen Kasper und Grete Kuchen an die Kinder.

Zu diesem Stück: Dieses spannende und lustige Stück ist ein schöner Einstieg für eine Kindergeburtstagsfeier. An Stelle eines Kaninchens lässt sich jedes beliebige andere kleine Kuscheltier (Teddy, Hund, Schaf o. Ä.) verwenden.

Figuren (in der Reihenfolge ihres Auftritts):
Kasper, Kaninchen, Räuber, Hexe, Grete

Spieler: 2

Was sonst noch gebraucht wird:
rote Geschenkschleife; kleiner Sack (Taschentuch oder Serviette zusammenbinden); Hexenbesen (Bleistift); trockener Kuchen oder Plätzchen zum Verteilen an die Kinder.

1. Akt Im Dorf

Kasper: Tri, tra, trullala, tri, tra, trullala, der Kasper, der ist wieder da! Hallo, Kinder! (...)

Seid ihr alle da? (...)

Ich höre ja gar nichts! Seid ihr alle da? (...)

Heute ist ein ganz besonderer Tag. Grete hat heute Geburtstag! Natürlich habe ich auch ein Geschenk für Grete. Etwas ganz Besonderes. Die Grete mag meine Kaninchen so gern, deshalb schenke ich ihr eins. Aber es gibt da ein Problem: Ich weiß nicht, wo das Kaninchen steckt! *(Hinter Kasper taucht das Kaninchen auf)*

Kasper: Kinder, ihr habt nicht zufällig ein kleines, braunes Kaninchen gesehen, oder? (...) Was, hinter mir? *(dreht sich um)* Da bist du ja, ich habe dich schon überall gesucht! Wir müssen doch zu Grete!

(führt das Kaninchen nach vorn an den Bühnenrand, streichelt ihm übers Fell)

Hoppel, du bist ein Geschenk, aber so, wie du bist, siehst du gar nicht aus wie ein Geschenk. Am besten, ich packe dich in Geschenkpapier ein.

(Das Kaninchen schüttelt heftig den Kopf)

Stimmt, das ist keine besonders gute Idee. Du kriegst keine Luft mehr, wenn du ganz eingewickelt bist. Kinder, was sollen wir nur machen? *(denkt nach)*

Kasper: Ich hab's: Wir binden dem Kaninchen einfach eine Schleife um den Hals! Würde dir das gefallen, Kaninchen*? (Das Kaninchen nickt)*

Kasper: Dann laufe ich schnell rüber in den Laden und kaufe eine schöne rote Schleife. *(zum Publikum):*

Kinder, passt ihr so lange auf das Kaninchen auf? Nicht, dass der Räuber kommt und es holt! Bis gleich, Kaninchen! Bis gleich, Kinder!

(Kasper ab. Kaninchen allein auf der Bühne. Es winkt den Kindern zu, während der Puppenspieler hinter der Bühne Kasper von der Hand streift und den Räuber auf die Hand setzt. Dann nähert sich der Räuber dem Kaninchen von hinten mit einem Sack. Er schleicht sich an, dann steckt er das Kaninchen in den Sack und verschwindet mit ihm. Einige Augenblicke bleibt die

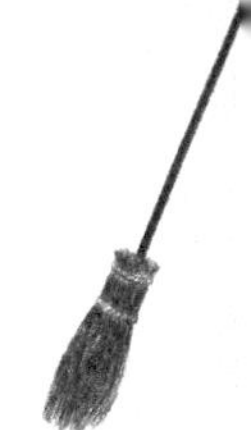

Bühne leer, weil erneut die Puppen gewechselt werden müssen hinter der Bühne. Währenddessen singt der Kasper:)

Kasper: Tri, tra, trullala, tri, tra, trullala, na wo bin ich denn, so, da bin ich wieder! *(dreht sich suchend um)*

Hoppel, wo bist du? Kinder, wisst ihr, wo Hoppel steckt? (...)

Was, der Räuber? Oh nein! Kinder, habt ihr gesehen, in welche Richtung der Räuber gelaufen ist? (...)

Da lang? Da geht es zum Hexenhaus! Nichts wie hin!

(Kasper ab)

2. Akt **Vor dem Hexenhaus**

Räuber: *(mit Kaninchen-Sack über der Schulter)* So, da sind wir schon. Hoffentlich ist die Frau Hexe auch zu Hause. *(drückt auf imaginäre Klingel)* Dingdong!

Hexe: Wer klingelt da? Oh, guten Tag, Herr Räuber, das ist aber eine Überraschung. Wie geht es denn so?

Räuber: Gut, danke. Aber stell dir vor: Ich bin gar kein Räuber mehr.

Hexe: Kein Räuber mehr? Heißt das, dass du anderen nichts mehr klaust?

Räuber: *(nickt heftig)* Genau. Letztes Mal wurde ich erwischt und musste ins Gefängnis. Da will ich nicht mehr hin. Allerdings habe ich noch einmal eine Ausnahme gemacht, eine einzige kleine Ausnahme, und das auch nur, weil du heute Geburtstag hast!

Hexe: Sag mal, du hast doch nicht etwa ein Geschenk für mich geklaut, oder?

Räuber: Doch! *(zieht das Kaninchen aus dem Sack)* Tätärätä: ein Kaninchen!

Hexe: Ist das niedlich! Darf ich es einmal streicheln? *(streichelt das Kaninchen)* Aber sag', das ist doch nicht etwa eines von Kaspers Kaninchen, oder?

Räuber: *(verlegen)* Nein, nein.

Hexe: Sagst du auch die Wahrheit?

Räuber: Ja, ja.

Hexe: *(streng)* Kinder, wem gehört dieses Kaninchen? (...)

Kasper: *(ruft suchend aus dem Hintergrund)* Hoooppeeeel! Hoooppeeel!

(Räuber versteckt sich)

Kasper: Guten Tag, Frau Hexe. Stell dir vor, mein Kaninchen wurde geklaut. Ich habe es nur kurz aus den Augen gelassen, und als ich wiederkam, sagten die Kinder, dass der Räuber kam und es mitgenommen hat. Hast du ihn vielleicht gesehen?

Hexe: Allerdings.

(Das Kaninchen hoppelt auf Kasper zu.)

Kasper: Hoppel, da bist du ja!

Hexe: *(ruft)* Räuber, komm raus! *(Kleine Pause, nichts tut sich)*

Kinder, helft ihr mir, den Räuber zu rufen? (…)

Also, alle zusammen: RÄUBER! RÄUBER, komm raus!

Räuber: Ich komm ja schon. *(verlegen zu Kasper)* Es tut mir leid, Kasper, dass ich dein Kaninchen geklaut habe. Dabei hatte ich mir ganz fest vorgenommen, anderen nichts mehr wegzunehmen. Es ist nur, weil …

Hexe: Er wollte mir ein Geschenk zum Geburtstag machen.

Kasper: Oh, das wusste ich gar nicht, dass du auch heute Geburtstag hast, Frau Hexe. Herzlichen Glückwunsch!

Hexe: Danke, Kasper. Ich hätte das Kaninchen gar nicht angenommen. Die Kinder haben mir nämlich schon verraten, dass es deins ist.

Kasper: Wenn ich gewusst hätte, dass heute dein Geburtstag ist, hätte ich dir auch eins geschenkt! Aber der Hoppel hier ist für die Grete. Grete ist meine beste Freundin, und sie hat heute auch Geburtstag. Das Kaninchen ist mein Geschenk für sie.

Räuber: *(zerknirscht)* Das wusste ich nicht. Wie kann ich das nur wieder gutmachen?

Kasper: *(streichelt das Kaninchen)* Versprich mir, dass du in Zukunft wirklich nie, nie wieder anderen Leuten etwas wegnimmst, ja?

Räuber: Großes Ehrenwort. Ich werde nie wieder klauen. Aber wenn ich die Äpfel vom Obsthändler Pflaume nehme, ist das auch Klauen?

Kasper: Ja, das ist auch Klauen. Pflück' lieber die Blaubeeren im Zauberwald, die gehören keinem, und jeder darf davon so viele nehmen, wie er will.

Räuber: Au fein, dann habe ich eine Idee: Ich pflücke alle meine Taschen voll Blaubeeren. Und dann schenke ich sie der Frau Hexe und Grete zum Geburtstag!

Hexe: Ich liebe Blaubeeren!

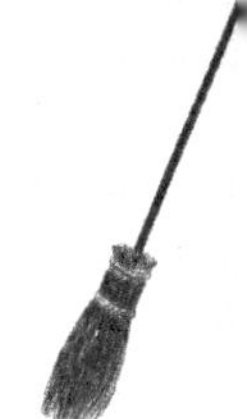

Kasper: He, ihr beiden, ich habe eine Idee: Kommt doch einfach mit zu Grete, wir feiern alle zusammen Geburtstag!

Hexe: Au ja! Wer will mit mir auf dem Besen fliegen?

Kasper: Da wird mir schwindelig, ich gehe lieber zu Fuß. Kaninchen, willst du fliegen? *(Kaninchen nickt begeistert.)*

Räuber: Ich komme nach, ich will auf dem Weg noch Blaubeeren sammeln!

Hexe: Na, dann steig auf! *(Hoppel spring auf den Besen, mit Hexe ab)*

Kasper: Komm, Räuber, ich helfe dir beim Blaubeerensammeln! *(Kasper und Räuber ab)*

3. Akt Im Dorf

(Seppel streichelt das Kaninchen, das auf der Bühne sitzt. Kasper kommt auf die Bühne.)

Kasper: So, die Frau Hexe und der Räuber sind weg. Ich habe sie zur Bushaltestelle gebracht. Eigentlich hätte Frau Hexe ja auf ihrem Besen nach Hause reiten und den Räuber mitnehmen können, aber die beiden haben so viel Kuchen gegessen, dass sie zu schwer für den Besen waren! Nach drei Fehlstarts haben sie aufgegeben. *(Er macht nach, wie sich die beiden langgelegt haben.)*

Grete: Gut, dass ich so viel Kuchen gebacken hatte!

Kasper: *(streicht sich über den Bauch)* Ich habe drei Stück Kuchen geschafft! Die Hexe sogar vier, und der Räuber fünf!

Grete: Und Hoppel hat die ganze Möhrentorte aufgefuttert *(hebt das Kaninchen hoch, stöhnt)* Puh, bist du schwer geworden, Hoppel!

Kasper: Sag mal, ist eigentlich noch Kuchen übrig?

Grete: *(guckt hinter die Bühne)* Ein ganzer Kuchen ist noch da *(sieht Kasper an)* Was machen wir bloß damit?

Kasper: Ich habe eine Idee! Schau dich mal um!

Grete: *(guckt zu den Kindern)* Jetzt weiß ich, was du meinst! *(zum Publikum)* He, Kinder, wie ist es, helft ihr uns beim Kuchen-Essen?

Kasper: Ja, Kinder, kommt alle her! *(Grete und Kasper geben den Kindern Kuchen.*

– Ende –

Kasper und Seppel besuchen Großmutter

Für Kinder ab drei Jahren

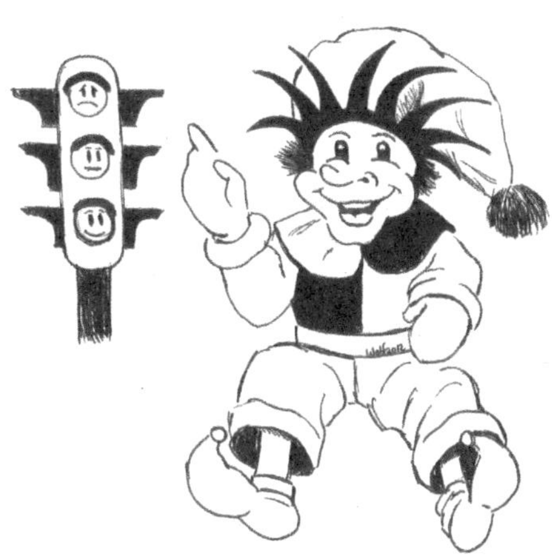

Inhalt: Kasper besucht mit Seppel dessen Großmutter in der Stadt. Dabei müssen sie einige Straßen überqueren.

Zu diesem Stück: Dieses lustige Stück vermittelt Vorschulkindern spielerisch, wie wichtig es ist, beim Überqueren von Straßen gut Acht zu geben.

Figuren (in der Reihenfolge ihres Auftritts):
Kasper, Seppel, Großmutter

Spieler: 2 – ein Puppenspieler plus ein Spieler, der die Ampel bedient

Was sonst noch gebraucht wird: Mit einer nachgemachten Fußgängerampel wird das Stück noch anschaulicher: Dazu in die Pappe einer Küchenrolle zwei kreisrunde Löcher schneiden, vor die obere Öffnung kleben Sie rotes, vor die untere Öffnung grünes Transparentpapier. Wer es ganz perfekt machen möchte, klebt aus schwarzem Tonpapier die Ampelmännchen darauf. Den Löchern gegenüber wird ebenfalls ein Loch geschnitten, damit eine kleine Taschenlampe hindurchgeschoben werden kann. So können Sie die Ampelfarbe jeweils passend aufleuchten lassen.

Falls dieses Stück, etwa beim Kindergeburtstag, als Überleitung zum Abendessen dienen soll: Kartoffelsalat und Würstchen oder ein anderes Lieblingsessen der Kinder bereit halten.

Spielort: **Dorf**

Kasper: *(aus dem Hintergrund)* Tri, tra, trullala, tri, tra, trullala … *(taucht auf)*

Hallo, Kinder! (…)

Seid ihr alle da? (…)

Ich höre ja gar nichts! *(lauter)* Seid ihr alle da? (…)

Prima! Aber einer fehlt noch, wisst ihr, wer? Nein? Ich verrate es euch: Mein allerallerbester Freund! Wisst ihr, wer das ist? (…)

Ja genau, der Seppel. Wir haben uns heute verabredet, weil wir zusammen Seppels Oma in der Stadt besuchen wollen.

(Seppel taucht hinter Kasper auf)

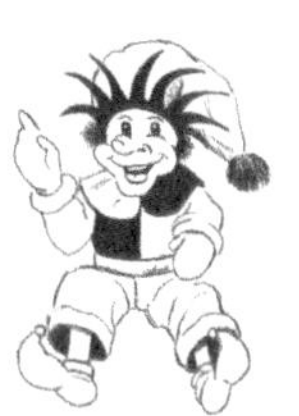

Kasper: Wo bleibt der Seppel nur?

(Die Kinder rufen wahrscheinlich: Da!)

Kasper: *(dreht sich zu Seppel um)* Hallo Seppel, da bist du ja.

Seppel: Hallo, Kasper! Hallo Kinder! (...)

Kasper: Dann kann es ja losgehen.

Seppel: Wir wollen nämlich meine Oma in der Stadt besuchen.

Kasper: Das brauchst du den Kindern gar nicht mehr zu erzählen, das wissen die schon längst.

Seppel: Woher denn?

Kasper: Na von mir!

Seppel: Ach so.

Kasper: Dann los! Ich freue mich schon auf deine Oma.

Seppel: Und ich freue mich schon auf den Kartoffelsalat, den meine Oma immer macht, wenn ich komme.

Kasper: *(reibt sich über den Bauch)* Kartoffelsalat? Hast du Kartoffelsalat gesagt? Etwa mit Würstchen?

Seppel: Na klar. Mit was denn sonst?

Kasper: Mein Lieblingsessen! Lecker! Lass uns schnell losgehen.

Seppel: Auf zu Oma!

Kasper: Auf zu Oma! Weißt du den Weg?

Seppel: Was denkst denn du. Bin ich schon oft gegangen, es ist nicht weit, aber wir müssen sehr aufpassen.

Kasper: Warum denn aufpassen?

Seppel: Weil wir in die Stadt gehen. Da müssen wir auf den Straßenverkehr achtgeben.

Kasper: Stra-ßen-ver-kehr. Komisches Wort. *(gehen los)* He, was ist denn das für ein komischer Baum da vorne?

Seppel: Das ist kein Baum, das ist eine Ampel.

Kasper: Was, eine *Pampel?*

Seppel: Nein, eine Ampel!

Kasper: Sieh mal, wie lustig, das leuchtet ja rot!

Seppel: Halt, Kasper, nicht weitergehen! Weißt du denn nicht, was es bedeutet, wenn die Ampel rot aufleuchtet? Bei Rot müssen wir stehen bleiben, weil dann die Autos über die Kreuzung fahren.

Kasper: *(enttäuscht)* Aber dann kommen wir ja nie auf die andere Straßenseite. *(Zu den Kindern)* Also das ist ja zu dumm, jetzt können wir die Oma nicht besuchen, weil wir an dieser blöden Pampel ...

Seppel: Ampel heißt das!

Kasper: Also weil wir an dieser blöden Ampel stehen bleiben müssen!

Seppel: Guck doch mal, Kasper, die Ampel ist gar nicht mehr rot!

Kasper: *(erstaunt)* Stimmt, jetzt leuchtet sie grün.

Seppel: Und das heißt, jetzt dürfen die Fußgänger über die Kreuzung gehen.

Kasper: Fußgänger, das sind wir!

Seppel: Genau. Schnell, bevor sie wieder rot wird!

Kasper: Eigentlich ganz praktisch, so eine Pampel.

Seppel: Ampel!

Kasper: Ampel. Mal dürfen die einen gehen, dann die anderen fahren. Das sollte es überall geben. Da, schau mal, an der Kreuzung da fehlt aber die *(Pause)*

A-m-p-e-l. Und wie kommen wir jetzt da rüber?

Seppel: Siehst du die schwarzweiße Linie auf dem Boden?

Kasper: Ja, sieht fast aus wie auf den Zebras im Zoo.

Seppel: Genau, deshalb nennt man das auch Zebrastreifen. Das bedeutet, dass Autos, Lastwagen, Motorräder hier anhalten sollen, damit wir Fußgänger über die Straße gehen können.

Kasper: Wie praktisch. Da müssen wir noch nicht mal warten, bis grün ist. Also los!

Seppel: Halt! Wir müssen erst schauen, ob die anderen wirklich halten. Damit die Autofahrer sehen, dass wir auf die andere Seite wollen, können wir auch den Arm ausstrecken!

Kasper: *(streckt einen Arm senkrecht nach oben)* So richtig?

Seppel: Kinder, zeigt mal, wie man den Arm ausstrecken muss. *(macht es selbst vor)*

Kasper: Ach so. *(aufgeregt)* Sieh dir den da an, erst fährt er langsamer, und jetzt fährt der einfach weiter! Das gibt's doch gar nicht!

Seppel: So ein Blödmann! Siehst du, wie wichtig es ist, dass wir genau gucken, ob die Autos auch anhalten?

Kasper: Ja! Aber ich glaube, jetzt können wir rüber. Auf beiden Seiten halten die Autos.

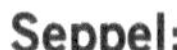

Seppel: Ja, komm. Jetzt noch an diesem Haus hier rechts abbiegen, dann sind wir bei Omas Haus. *(geht weiter)* Sieh mal, Oma winkt schon aus dem Fenster!

Hallo Oma!

Oma: *(aus dem Hintergrund)* Hallo, Seppel, hallo Kasper! Kommt schnell herein, ich habe Kartoffelsalat und Würstchen für euch!

Kasper: Wir kommen! *(Kasper und Seppel ab)*

Kasper: *(aus dem Hintergrund, während die Figuren gewechselt werden)*

Das sieht ja lecker aus! Da könnte ich mich reinsetzen!

Großmutter: *(aus dem Hintergrund)* He, Kasper, was machst du denn da, komm sofort aus dem Kartoffelsalat raus! Der ist zum Aufessen, nicht zum Reinsetzen! Du bist ja ganz klebrig! Na warte, dich werde ich gleich ordentlich abschrubben!

Kasper: Nein, bloß nicht!

Großmutter: Na komm her! So, jetzt wirst du wieder sauber, nur noch der Kopf. Halt, bleib hier!

Kasper: *(taucht auf mit ein bisschen Kartoffelsalat auf dem Kopf, atemlos):* Kinder! Der Kartoffelsalat schmeckt toll! Habt ihr auch Hunger? Dann nichts wie rein, äh, ran!

Großmutter: *(taucht hinter Kasper auf)* Ja, kommt nur, es ist genug für alle da! *(zu Kasper):* Und dich schrubbe ich jetzt ab!

Kasper: Hilfe, Wasser, o nein! *(Kasper ab)*

Großmutter: Das muss jetzt sein. *(zu den Kindern)* Kinder, lasst es euch schmecken! Guten Appetit!

– Ende –

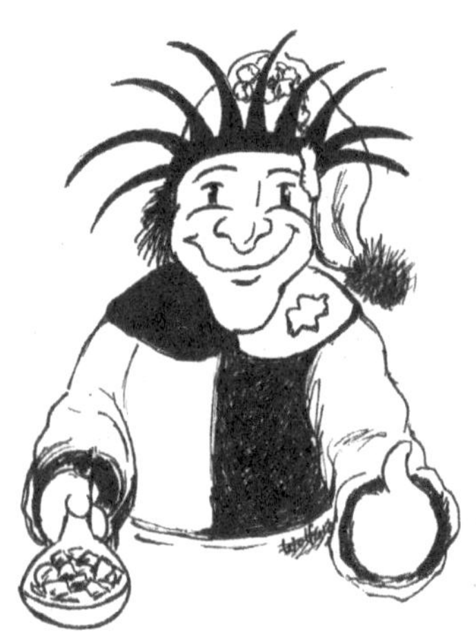

Der verzauberte Seppel

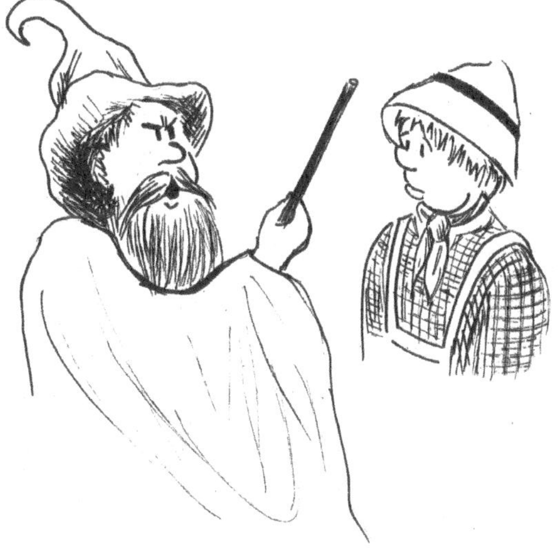

Für Kinder ab drei Jahren

Inhalt: Seppel und Kasper gehen zusammen in den Zauberwald, um Blaubeeren zu pflücken. Beim Pflücken trennen sich Kasper und Seppel, und Seppel trifft auf den Zauberer, der sich einen Spaß daraus macht, Seppel so zu verzaubern, dass er beim Sprechen Silben verwechselt. Seppel versucht anschließend Kasper zu erzählen, was passiert ist, aber erst mit Hilfe der Kinder versteht er, was passiert ist und verrät Seppel, wie er den Zauberer mit seinen eigenen Waffen schlagen kann.

Zu diesem Stück: Kinder lieben Wortspiele, Nonsensreime und Wortverdrehungen sehr, und bei diesem Stück, das von der komisch-verzauberten Sprache Seppels lebt, kommen sie auf ihre Kosten. Da es nicht ganz einfach ist, die Wörter so auszusprechen, dass sie sich lustig verdreht anhören, aber trotzdem noch wiederzuerkennen sind, ist es nützlich, dieses Stück vorab zu proben.

Figuren (in der Reihenfolge ihres Auftritts):
Kasper, Seppel (wahlweise auch Prinzessin oder Gretchen), Zauberer (wahlweise auch Hexe)

Spieler: 1

Was sonst noch gebraucht wird:
Zauberstab (z. B. Buntstift oder kleiner Stock)

1. Akt Im Dorf

Kasper: *(singt)* Tri, tra, trullala, tri, tra, trullala, der Kasper, der ist wieder da! Hallo, Kinder! (...)

Seid ihr alle da? (...)

LAUTER! SEID IHR ALLE DA? (...)

Prima. Ach, was ist das heute für ein schöner Tag. Die Sonne scheint, die Blumen blühen, im Wald singen die Vögel.

Seppel: Hallo, Kasper! Hallo, Kinder! (...)

Kasper: Hallo, Seppel, wie schön, dich zu sehen!

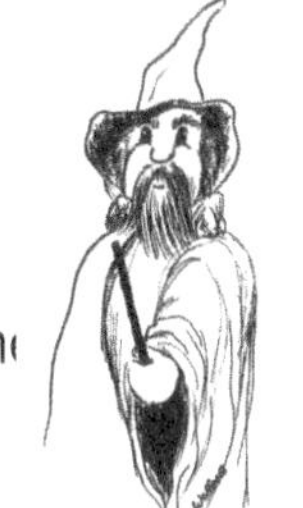

Seppel: Heute ist ein schöner Tag. Die Sonne scheint, die Blum blühen, im Wald singen die Vögel.

Kasper: Sag mal, Seppel, musst du mir alles nachsprechen?

Seppel: Nachsprechen?

Kasper: Da – schon wieder!

Seppel: Schon wieder?

Kasper: Du hast gerade genau dasselbe gesagt, was ich vorher gesagt hatte.

Seppel: Ach so. Weißt du was, dann sage ich jetzt mal was Neues. Wie wäre es, wenn wir etwas zusammen unternehmen?

Kasper: Eine gute Idee. Ich weiß auch schon, was: Wir gehen in den Zauberwald und pflücken leckere Blaubeeren.

Seppel: Hmm, Blaubeeren mag ich gern, das ist eine sehr gute Idee, Kasper.

Kasper: Wir müssen nur aufpassen, dass wir nicht den bösen Zauberer treffen.

Seppel: Ach, den gibt's doch gar nicht.

Kasper: Doch, den gibt es.

Seppel: Ach was, wer glaubt denn so was.

Kasper: Doch, den gibt's!

Seppel: Glaub ich nicht. Ich habe ihn noch nie gesehen.

Kasper: Du warst ja auch noch nie im Zauberwald. Wollen wir wetten?

Seppel: Um was denn?

Kasper: Um die Blaubeeren, die wir sammeln.

Seppel: Ja, gut. Auf zum Zauberwald!

(Kasper und Seppel ab)

2. Akt Im Zauberwald

Seppel: Ganz schön dunkel hier im Zauberwald!

Kasper: Hast du etwa Angst?

Seppel: Ich? So ein Unsinn! Quatsch! Blödsinn! Ich hab doch keine Angst! *(zittert)*

Kasper: Guck mal, jede Menge Blaubeeren!

Seppel: Und da drüben sind noch viel mehr!

Kasper: Da gehe ich hin! *(ab)*

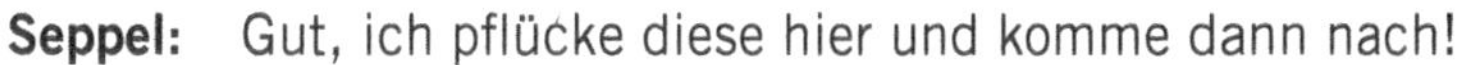

Seppel: Gut, ich pflücke diese hier und komme dann nach!

Seppel: *(zu den Kindern)* Kinder, ich wollte das Kasper gegenüb nicht so zugeben, aber ich habe doch ein bisschen Angst. *(hinter ihm taucht der Zauberer auf)* Aber was meint ihr, den bösen Zauberer gibt's doch gar nicht, oder? (...)

Zauberer: So, so, mich gibt's gar nicht?

Seppel: *(dreht sich um, schreit)* Aaaah! Du bist doch nicht etwa ... der Zauberer?

Zauberer: Hi, hi, hi, wer denn wohl sonst? Sehe ich etwa aus wie der Kasper? Und siehst du das hier *(zeigt auf seinen Zauberstab)* Das ist mein Zauberstab. Damit kann ich lustige Sachen machen. Soll ich mal zeigen?

Seppel: Nein, nein, bloß nicht!

Zauberer: Ich kann aus einer Mücke einen Elefanten machen, ich kann aus einer armen Kirchenmaus eine beleidigte Leberwurst machen, ich kann kleine weiße Kaninchen aus meinem Hut zaubern. Aber ich sehe schon, du glaubst mir nicht!

Seppel: Doch, doch!

Zauberer: Damit du mir wirklich glaubst, wie gut ich zaubern kann, werde ich dich verzaubern! Hokuspokusfidibus, der Seppel soll ab jetzt nur noch Quatsch erzählen!

Seppel: Katsch terfählen?

Zauberer: *(freut sich)* Hi, hi, hi! *(ab)*

Seppel: Kalper, Kalper, tomm, tomm!

Kasper: Seppel, wo warst du denn? Ich habe schon nach dir gesucht. Sieh mal, wie viele Blaubeeren ich gesammelt habe!

Seppel: Kalper, öch fab tin Bauperer teroffen!

Kasper: Hä? Ich versteh kein Wort.

Seppel: *(langsamer)* Öch – fab – tin – Bau-pe-rer – te-rof-fen!

Kasper: *(zu den Kindern)* Wisst ihr vielleicht, was er meint? Was meint er mit Bau-pe-rer? (...)

Kasper: Ah, du hast den Zauberer getroffen?

Seppel: Ha! Din Bauperer fat möch kerbaupert!

Kasper: Hä?

Seppel: Ker-bau-pert! Din Bauperer fat möch *(zeigt auf sich)* ker-bau-pert!

Kasper: Verzaubert?

Seppel: Ha!

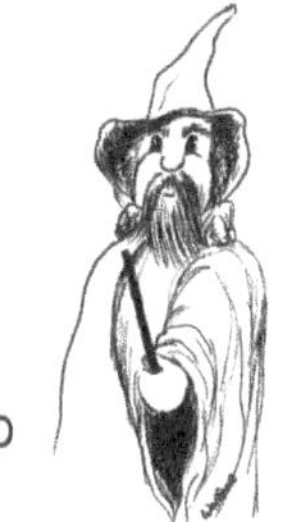

Kasper: Jetzt verstehe ich. Hm, wir müssen überlegen, was wir jetzt machen. Schließlich kannst du ja nicht morgen so in den Kindergarten gehen, da versteht dich ja keiner.

Seppel: Ha.

Kasper: Ich hab's. Nur wenige Menschen wissen, dass der Zauberer gar nicht so mächtig ist, wie er immer tut. Wenn ein Zauberer nämlich seine Macht ausnutzt und einen anderen Menschen verzaubert, dann kann der Mensch, den er verzaubert hat, den Zauberer auch verzaubern.

Seppel: Fas perdeh öch kicht.

Kasper: Das verstehst du nicht?

Seppel: *(nickt)* Ha.

Kasper: Ist doch ganz einfach: Du kannst deinen Zauber loswerden, wenn du dich vor den Zauberer stellst und sagst: Mein Zauber soll zu dir zurück. Traust du dich, mit dem Zauberer zu sprechen?

Seppel: *(unsicher)* Tommst tu fit?

Kasper: Nein, ich kann nicht mitkommen, sonst wirkt der Zauber nicht, aber ich bleibe in der Nähe.

Seppel: *(nickt)* Tug.

Kasper: Gut dann, bis gleich, und viel Glück, Seppel. *(ab)*

Seppel: *(unsicher):* Bauperer, tomm tehaus!

Zauberer: Hi, hi, hi, kannst nicht richtig sprechen, was?

Seppel: Bauperer, möin Bauper foll tu dör teröch!

Zauberer: *(erschrocken)* Keppl fat möch kerbaupert!

Seppel: *(schreit aufgeregt)* Es hat geklappt, Kasper, es hat geklappt! Ich kann wieder richtig sprechen, und der Zauberer redet nur noch Quatsch! Das geschieht ihm Recht!

Zauberer: *(abtretend)* Knell moch Huse, äm Baupererpuch desen!

Seppel: Ja, Zauberer, geh nur nach Hause und schau in deinem Zaubererbuch nach, wie du den Zauber wieder loswirst!

Kasper: Ha, ha, das wird ihm eine Lehre sein, das macht er nicht noch einmal! Weißt du was, nach der Aufregung haben wir eine Pause verdient. Sieh mal, wie viele Blaubeeren wir gesammelt haben. Eigentlich sind das ja alles meine, ich habe schließlich unserer Wette gewonnen: Den Zauberer gibt's doch!

Seppel: Stimmt.

Kasper: Ach was, wir sind Freunde, die Blaubeeren teilen wir uns natürlich.

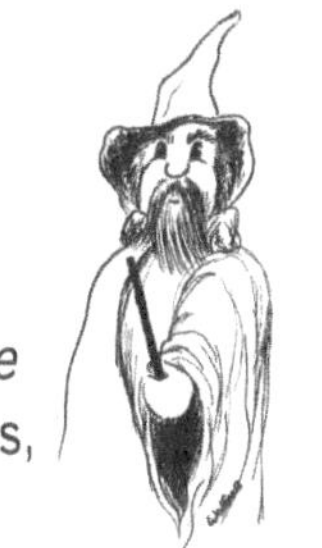

Seppel: Nett von dir. *(liest imaginäre Blaubeeren auf, stopft sie sich in den Mund, mit vollem Mund, undeutlich)* Schös, Kinder!

Kasper: Oh nein, Seppel, bist du etwa schon wieder verzaubert?

Seppel: *(undeutlich, zeigt auf seinen Mund)* Nö, ich hab nur den Mund voll mit Blaubeeren.

Kasper: *(steckt sich auch Blaubeeren in den Mund, undeutlich)* Na dann schös, Kinder, bis zum nächsten Mal!

– Ende –

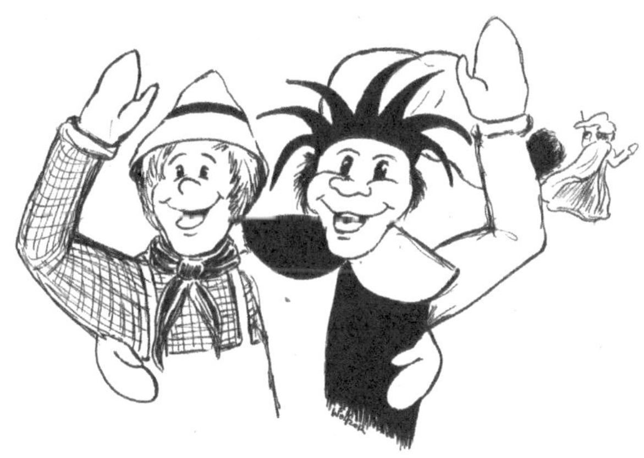

Ein Schulranzen fürs Krokodil

Für Kinder ab vier Jahren

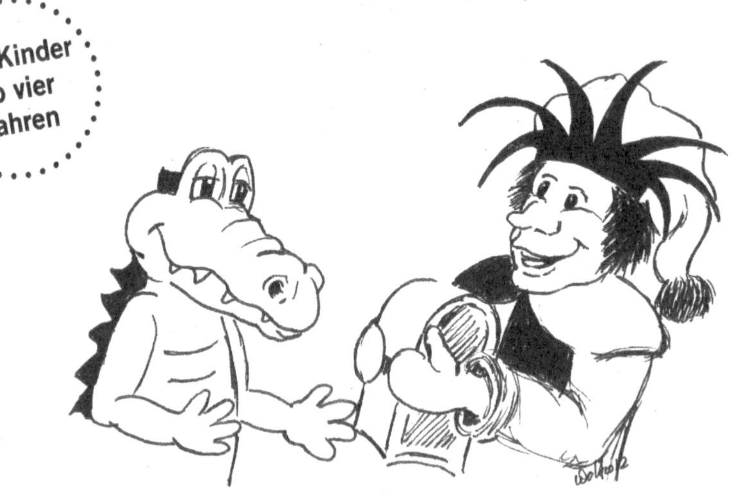

Inhalt: Großmutter schickt Kasper in die Schule und macht ihm seinen ersten Schultag mit einer Schultüte schmackhaft. Während Kasper in der Schule den Lehrer kennenlernt und beide feststellen, dass Kasper nicht recht in die Schule passt, vergreifen sich zunächst der Räuber und dann das Krokodil an seiner Schultüte. Kasper überredet das Krokodil schließlich, anstatt der Schultüte seinen Schulranzen, den er ja nicht mehr braucht, aufzufressen, und verteilt die Süßigkeiten aus der Schultüte an die Kinder.

Zu diesem Stück: Dieses Spiel eignet sich gut für Kinder, die demnächst in die Schule kommen

Figuren (in der Reihenfolge ihres Auftritts):
Kasper, Großmutter, Räuber, Lehrer, Krokodil

Spieler: 1

Was sonst noch gebraucht wird:
kleine, mit Süßem gefüllte Schultüte, Schultasche (z. B. Lederportemonnaie)

1. Akt **Im Haus**

Kasper: *(singt traurig)* Tri, tra, trullala, tri, tra, trullala. Hallo, Kinder! (...)

Kinder, heute geht's mir schlecht! Meine Großmutter hat gesagt, ich muss in die Schule gehen. Aber ich hab keine Lust. Wart ihr schon mal in der Schule? (...)

Ist es da schön? Was meint ihr? (...)

Also mir gefällt es sicher nicht: Stillsitzen mag ich nicht, Mund halten mag ich nicht und lernen mag ich erst recht nicht. Wisst ihr was, ich gehe einfach nicht hin. Tschüs, Kinder!

Großmutter: Halt, halt, hiergeblieben. Du kommst schön mit in die Schule, Kasper.

Kasper: Auweh – jetzt hat sie mich doch erwischt. Ich mag doch nicht in die Schule gehen.

Großmutter: Aber Kasper, schau: In der Schule lernst du lauter schöne Sachen und wirst ein kluger Junge.

Kasper: Ich bin ja schon ganz furchtbar klug und ich weiß schon schöne Sachen genug.

Großmutter: Na, du kannst ganz schön dumme Faxen machen, aber kannst du etwa schon lesen?

Kasper: Es muss doch einer Faxen machen, sonst hätte doch niemand was zu lachen. Und wozu soll ich lesen lernen, dabei verdirbt man sich doch bloß die Augen.

Großmutter: Unsinn. Und Rechnen und Schreiben kannst du doch auch noch nicht.

Kasper: Ich habe kein Geld und brauche auch keins, drum brauch ich auch kein Einmaleins.

Großmutter: Ach, Kasper, jetzt komm doch. Ich habe dir doch so eine schöne Zuckertüte für den ersten Schultag fertig gemacht.

Kasper: Eine Zuckertüte? Ja, das ist etwas anderes, eine Zuckertüte mag ich schon!

Großmutter: Jetzt aber los, sonst kommst du gleich am ersten Schultag zu spät.

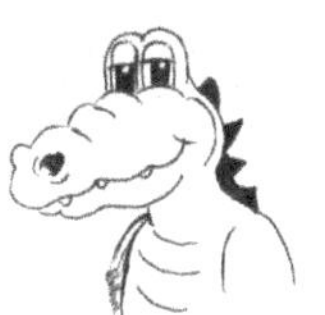

2. Akt **Im Haus**

Räuber: Pst – pst – da ist niemand zu Hause, das ist gut, da kann ich mich in aller Ruhe umsehen und mir etwas zu Essen suchen. Ich habe nämlich einen Bärenhunger. Keinen Schinken im Haus? Das ist schlecht. Und keine Wurst? Das ist noch schlechter. Da muss ich ja ein trockenes Butterbrot essen. Das ist am allerschlechtesten. Auweh – da kommt die Großmutter. Schnell ins Versteck! Kinder, verratet mich nicht!

Großmutter: *(mit Zuckertüte)* So, jetzt habe ich den Kasper in die Schule gebracht. Ich weiß gar nicht, warum er nicht in die Schule will. Man lernt da doch ganz viele Sachen. Stellt euch vor, Kinder: Ihr könnt schon bald eure Bilderbücher selber lesen und nicht nur angucken, und wenn ihr Taschengeld bekommt, wisst ihr genau, ob es auch stimmt oder ob eure Eltern gemogelt haben. Oh Schreck, wer ist denn das?

Räuber: Guten Morgen, Frau Großmutter, wie geht's denn so? Für wen hast du denn die schöne Zuckertüte da?

Großmutter: Das sage ich dir nicht und das geht dich auch nichts an, du Flegel!

Räuber: Oho, warum denn so patzig, du alte Spinatwachtel.

Großmutter: Was sagst du zu mir? Spinatwachtel? Mach, dass du zur Tür rauskommst, aber hurtig!

Räuber: Ich gehe, wann es mir passt, und ich nehme mir, was ich will, ich bin ja der Räuber, und jetzt her mit der Zuckertüte! *(Räuber entreißt Großmutter die Zuckertüte und geht ab)*

Großmutter: Hilfe, Polizei!

3. Akt Vor der Schule

Lehrer: Grüß Gott. Ich bin der Lehrer Steckerl.

Kasper: Grüß Gott, Herr Lehrer Meckerl!

Lehrer: Steckerl heiß ich.

Kasper: Weckerl?

Lehrer: Steckerl. Aber den Namen kann sich doch jedes Kind merken. Was willst du eigentlich hier in der Schule?

Kasper: Nichts.

Lehrer: Ja, warum bist du denn hergekommen?

Kasper: Weil Großmutter mich geschickt hat. Ich soll Rechnen und Lesen lernen.

Lehrer: Wie heißt du denn?

Kasper: Kasper.

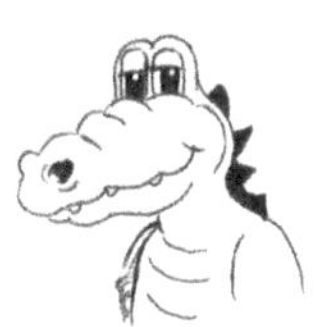

Lehrer: Das ist aber ein lustiger Name.

Kasper: Ich bin auch lustig.

Lehrer: Ja, das hab ich schon bemerkt. Was kannst du denn schon alles?

Kasper: Pfeifen kann ich! *(pfeift)*

Lehrer: Halt, halt. So was meine ich nicht.

Kasper: Jodeln kann ich: Jodeladiho!

Lehrer: Nein, nein.

Kasper: Und boxen kann ich auch. *(boxt den Lehrer)*

Lehrer: Au, was soll denn das? Sag mir lieber: Wieviel ist 6x6?

Kasper: 6 x 6 ist 36,
ist der Kasper noch so fleißig,
ist der Lehrer noch so dumm,
dreht der Kasper den Lehrer um!

Lehrer: Du Frechdachs. Dir werde ich kommen!

Kasper: Fang mich doch, fang mich doch!

Lehrer: Kasper, so einen wie dich können wir in der Schule nicht gebrauchen. Du machst ja nur Faxen. Geh lieber zu den Kindern und mach da deine lustigen Streiche.

Kasper: Ist das wahr, Herr Lehrer? Ich brauche nicht mehr in die Schule zu kommen? *(Kasper singend ab)* Juhu, juhee, der Kasper braucht kein ABC! *(Lehrer ebenfalls ab, kopfschüttelnd.)*

4. Akt Im Wald

Räuber: Ich bin ganz müde vom vielen Rennen, damit mich die Polizei nicht erwischt. Die Großmutter hat ja so laut geschrieen. Hier findet mich keiner. Ach, jetzt muss ich mich erst verschnaufen, und dann werde ich mich an die Zuckertüte machen. Ich habe ja schon so einen Wolfshunger! *(gähnt laut, schläft ein. Der Spieler lässt den einschlafenden Räuber sich über den Bühnenrand legen und zieht seine Hand aus der Puppe. Die braucht er nämlich jetzt für den Kasper.)*

Krokodil: Ah, der Räuber ist eingeschlafen. Oh, was hat er denn da. Eine Zuckertüte! Die fresse ich gleich mitsamt Papier!

Kasper: *(aus dem Hintergrund, während der Puppenspieler mit der Hand in den Kasper schlüpft):* Fideradul, Fideradul, der Kasper geht nicht in die Schul! Der Kasper, der will tanzen, da braucht er keinen Ranzen. *(taucht auf)* Oha, nanu, ein grüner Tatzelwurm!

Krokodil: Sei still, ich bin das Krokodil. Schade, dass ich gerade die Zuckertüte fressen will, sonst würde ich dich fressen, du unverschämter Bengel.

Kasper: Das würde dir so passen. Den Kasper auffressen. Aber oho – was hast du denn zwischen den Zähnen? Ja, das ist doch meine Zuckertüte, ja, gibst du mir die gleich heraus, du gefräßiger Heuschreck, du grasgrüner!

Krokodil: Kommt nicht infrage.

Kasper: Weißt du was? Wir wollen einen Tauschhandel machen: Du gibst mir die Tüte und ich gebe dir meine Schultasche. Die brauche ich nämlich nicht mehr. Schau her – feinstes Schweinsleder mit Riemen und Schnallen.

Krokodil: So etwas habe ich noch nie gefressen! Na gut, her damit! *(fängt an zu fressen)* Mhh, Leder, das kriegt nicht jeder.

Kasper: *(mit der Zuckertüte)* Fidiradul, fidiradul, der Kasper geht nicht in die Schul'. Der Kasper, der muss tanzen, da braucht er keinen Ranzen. *(überlegt)* Aber eine Zuckertüte brauche ich jetzt eigentlich auch nicht mehr. Wisst ihr was, Kinder? Ich nehme mir meine Lieblings-Süßigkeit heraus, eine Lakritzschnecke, und dann schenke ich euch meine Zuckertüte. (hält den Kindern die Zuckertüte hin) Viel Spaß damit! Und grüßt den Lehrer Meckerl von mir!

– Ende –

Der König und das Wutteufelchen

Für Kinder ab zwei Jahren

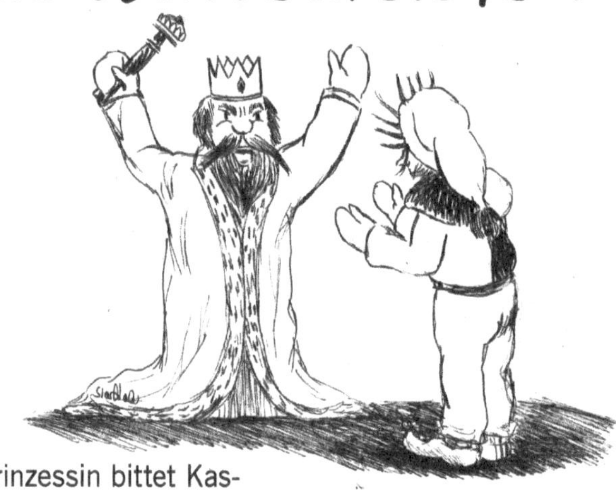

Inhalt: Die Prinzessin bittet Kasper, dem König zu helfen, der sich merkwürdig benimmt: Er tobt und wütet, wirft sich auf den Boden und schreit, und niemand weiß warum, auch der König selbst nicht. Kasper stellt schließlich fest, dass es sich nur um ein Wutteufelchen handeln kann und zeigt dem König, wie er es loswird.

Zu diesem Stück: Wutanfälle sind hier Thema. Kleinkinder und Kindergartenkinder haben relativ häufig damit zu kämpfen. Es gibt aber einen simplen Trick, wieder zur Normalität zurückzukehren, wenn das Kind eigentlich gar keine Lust und keinen Grund mehr hat, wütend zu sein, den Weg zurück jedoch nicht allein findet: Das Wutteufelchen wird ausgeschüttelt.

Figuren (in der Reihenfolge ihres Auftritts):
Prinzessin, Kasper, König, Zauberer

Spieler: 1

1. Akt **Im Dorf**

Prinzessin: *(ruft aufgeregt)* Kasper! Kasper! Kasper, wo bist du nur? Hallo, Kinder, habt ihr den Kasper gesehen? Ich muss ihn unbedingt finden! Helft ihr mir, Kasper zu rufen, ja? (...) Also, ganz laut: KASPER! KASPER!

(Leise hört man hinter der Bühne die Melodie von „Tri, tra, trullala, tri, tra, trullala, der Kasper, der ist wieder da" pfeifen.)

Prinzessin: Habt ihr das gehört, Kinder? Der Kasper ist hier irgendwo. Noch mal alle zusammen ganz laut: KASPER! KASPER!!

Kasper: Halli und hallo, wer ruft da so? Hallo, Kinder! (...) Warum habt ihr mich denn so laut gerufen? *(dreht sich zur Prinzessin um)* Oh, hallo, liebe Prinzessin, schön, dich zu sehen. Wie geht's, wie steht's?

Prinzessin: Kasper, gut, dass ich dich gefunden habe. Du musst mir helfen! Ich weiß nicht ein noch aus!

Kasper: Was ist denn los?

Prinzessin: Es geht um meinen Vater. Er benimmt sich so komisch seit gestern.

Kasper: Der König benimmt sich komisch? Ja klar, wer den ganzen Tag mit einer Krone auf dem Kopf herumläuft, der benimmt sich wirklich komisch. Ha, ha!

Prinzessin: Mach dich nicht lustig. Mir ist gar nicht zum Lachen. Stell dir vor, er schreit und tobt den ganzen Tag. Jeder, der in seine Nähe kommt, wird angeschrieen. Er ist schon ganz heiser.

Kasper: Das ist doch gut, heiser, dann schreit er jetzt leiser!

Prinzessin: Kasper, das ist nicht witzig, ich weiß wirklich nicht mehr weiter. Hilf mir bitte, komm mit mir zum Schloss!

Kasper: Natürlich helfe ich dir. Majestät, wir kommen!
(beide ab)

2. Akt **Im Schloss**

(Prinzessin und Kasper auf der Bühne und sehen sich an.)

König: *(schreit wütend im Hintergrund)* Ich bin so wütend! So schrecklich wütend! Wut, Wut, Wut im Bauch, und in Kopf und Händen auch, Wut, Wut, Wut in mir, weiß nicht ein und weiß nicht aus, diese Wut, die will hinaus!

Prinzessin: Da hörst du es. So geht das den ganzen Tag. Ich traue mich nicht mehr in seine Nähe.

Kasper: Seit wann geht das so?

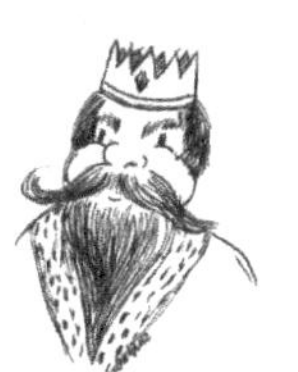

Prinzessin: Gestern morgen war er noch so freundlich wie immer. Nach dem Frühstück kam dann der Zauberer zu Besuch, und als der wegging, fing er an zu schreien.

Kasper: Ach, da haben wir's. Der Zauberer war's. Jetzt weiß ich, was los ist. Der Zauberer hat ihm einen bösen Streich gespielt.

Prinzessin: Einen Streich?

Kasper: Ein Wutteufelchen hat er ihm geschickt. Das macht ihn wütend.

Prinzessin: Das ist ja schrecklich!

Kasper: I wo. Gar nicht schlimm. Es ist kinderleicht, ein Wutteufelchen wieder loszuwerden. Man muss nur wissen, wie's geht.

Prinzessin: Und wie?

Kasper: Na so! *(schüttelt kräftig die Arme)* Du musst einfach schütteln, bis das Wutteufelchen weg ist.

Prinzessin: So einfach?

Kasper: So einfach. Und jetzt lass mich zum König.

Prinzessin: Viel Glück! *(Prinzessin ab)*

Kasper: *(während mit der anderen Hand die Prinzessin gegen den König getauscht wird)* Das haben wir gleich. Ihre wütende Durchlaucht, Ihre schreiende Majestät, melde mich untertänigst zur Stelle.

König: Wut, Wut, Wut im Bauch, und in Kopf und Händen auch, Wut, Wut, Wut in mir, weiß nicht ein und weiß nicht aus, diese Wut, die will hinaus!

Kasper: Guten Tag, lieber König!

König: *(schreit)* Ich bin nicht lieb! Ich bin wütend! So wütend, ich könnte alles kurz und klein schlagen!

Kasper: Na, na, das ist nicht nötig. Schüttel doch lieber das Wutteufelchen aus.

König: *(schreit)* Wutteufelchen?

Kasper: Der Zauberer hat dir ein Wutteufelchen geschickt, deshalb bist du so wütend, obwohl du gar keinen Grund dazu hast.

König: *(schreit)* So ein Blödsinn. Wut, Wut, Wut im Bauch ...

Kasper: Also, willst du deine Wut nun loswerden oder nicht?

König: *(schreit)* Dumme Frage! Meinst du, das macht Spaß so zu schreien? Ich bin schon ganz heiser.

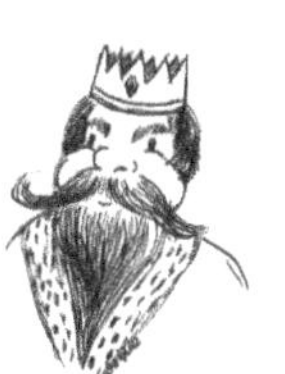

Kasper: Dann mach mir nach, was ich mache. *(zu den Kindern)* Ihr könnt auch mitmachen, Kinder! Schüttelt ganz kräftig die Arme! Los, König, mach es mir nach! *(schüttelt kräftig die Arme)*

König: *(schüttelt sich ein wenig, schreit)* Ist es so richtig?

Kasper: Nein, fester! Noch fester! Kinder, zeigt dem König, wie er es richtig machen muss! *(Alle schütteln ihre Arme noch kräftiger)*

König: *(verwundert, leise)* Es ist weg! Ich bin nicht mehr wütend!

Kasper: Na siehst du.

König: Wie kann ich dir danken, Kasper!

Kasper: Sag' einfach danke.

König: Ich hab' eine bessere Idee: Ich schlag' dich zum Ritter!

Kasper: Schlagen? O nein, ein Schlag zum Dank, das ist bitter!

König: I wo, Kasper, das wird nicht bitter und tut auch nicht weh! *(Holt einen Zahnstocher hervor und legt ihn dem Kasper auf die Schulter):* Hiermit schlage ich dich, tapferer Kasper, zum Ritter. Du bist ab jetzt Ritter Kasper, der Heldenhafte.

Kasper: Krieg' ich als heldenhafter Ritter jetzt die Prinzessin zur Frau?

König: Von mir aus, aber da musst du sie selbst fragen.

Kasper: Das mache ich! Tschüs, Kinder! *(Kasper ab)*

König: Warte, Kasper, ich komme mit! *(König ab)*

– Ende –

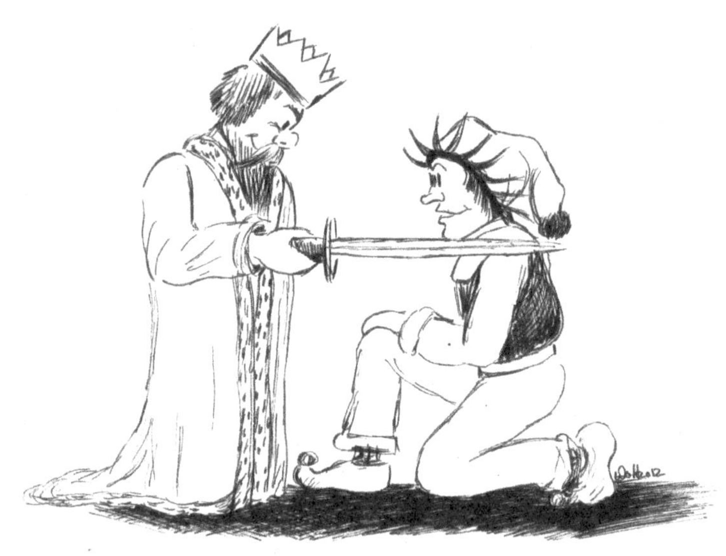

Der Kofferdieb

Für Kinder ab zwei Jahren

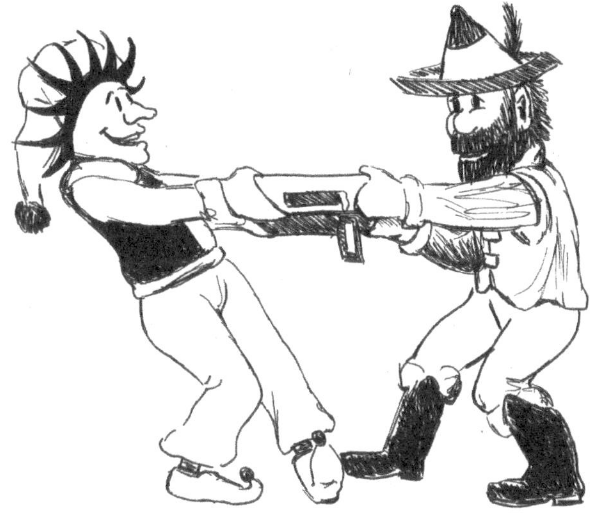

Inhalt: Kasper tritt mit einem kleinen Koffer auf die Bühne und erzählt den Kindern, dass er in den Urlaub fahren will. Dann fällt ihm ein, dass er seinen Ausweis vergessen hat. Er lässt den Koffer stehen, um ihn zu holen. Kaum dass Kasper verschwunden ist, taucht der Räuber auf, sieht den Koffer und nimmt ihn an sich. Kasper kommt zurück, und der Räuber behauptet nun dreist, dies sei sein eigener Koffer. Kasper fragt ihn, was denn im Koffer sei, und der Räuber sagt, es seien alles Sachen darin, die er im Urlaub brauche: Eine Regenjacke, warme Unterwäsche, dicke Socken und Wanderschuhe. Darauf sagt Kasper, er wolle zum Baden ans Meer, und in seinem Koffer seien eine Badehose, Sonnencreme, ein Handtuch und eine Sonnenbrille. Es gibt also ein sicheres Mittel, um herauszubekommen, wessen Koffer es ist.

Zu diesem Stück: Diese Spielidee mit der Thematik „Lügen haben kurze Beine" bietet sich besonders zur Vorbereitung auf den Urlaub an. Wegen der unkomplizierten Handlung und der vielen Gelegenheiten zum Dialog mit den Kindern ist dieses Stück auch für die Jüngsten hervorragend geeignet.

Figuren (in der Reihenfolge ihres Auftritts):
Kasper, Räuber

Spieler: 1

Was sonst noch gebraucht wird:
ein Spielköfferchen mit Sonnencreme, Badehose, Gästehandtuch, Sonnenbrille.

1. Akt Im Dorf

Kasper: *(tritt mit Spielköfferchen an der Hand auf)* Tri, tra, trullala, tri, tra, trullala, der Kasper, der ist bald weit weg. Tri, tra, trullala, tri, tra, trullala, der Kasper, der ist bald weit weg. Hallo, Kinder, seid ihr alle da? (...)

Stellt euch vor: Ich fahre in den Urlaub! Ich freue mich schon superdoll auf den Urlaub. Ratet mal, wohin ich fahre! Ich gebe euch einen Tipp: Dieses Land ist wunderschön!

(Wenn die Kinder anfangen zu raten, wohin der Kasper wohl fährt, schüttelt er so lange heftig den Kopf, bis das richtige Ziel genannt wird. Zwischendurch gibt er weitere Tipps wie: Da ist es schön warm. Die Sonne scheint viel. Es liegt am Meer. Da wird Spanisch/Französisch/Englisch gesprochen.)

Kasper: Genau, ich fahre nach … …! Das ist gaaanz weit weg! Ich glaube sogar, so weit wie bis zum Mond! (…)

Das glaubt ihr nicht? Oder gut, vielleicht nicht ganz so weit wie bis zum Mond, aber bestimmt zehnmal so weit wie von hier zur Großmutter. Zum Laufen ist das viel zu weit. Deshalb mache ich das auch nicht. Wisst ihr, was ich stattdessen mache? (…)

Ich fliege! *(breitet die Arme aus)* Aber nicht so wie die Hexe auf ihrem schäbigen Besen, sondern richtig. In einem echten Flugzeug. Seppel hat erzählt, kaum ist man drin, schwups, ist man auch schon da, wo man hinwill.

Kinder, das wird ein Spaß, ich freue mich so! *(zeigt das Köfferchen)* Hier drin habe ich alles eingepackt, was ich am Strand brauche. Gut, was? Total praktisch, so ein Koffer. Und heute geht's los, ich wollte mich nur noch schnell von euch verabschieden. Da fällt mir ein, schnell noch mal schauen, ob auch nichts fehlt. *(öffnet den Koffer)*

Mal sehen … Sonnencreme, Badehose, Handtuch, und hier ist sogar meine supercoole Sonnenbrille. *(setzt sie kurz auf, dann wieder ab)* Aber wo ist der Ausweis? Mist, ich habe den Ausweis vergessen! *(schließt den Koffer wieder, stellt ihn am Bühnenrand ab)* Kinder, ich muss fix nach Hause laufen und meinen Ausweis holen, bin gleich wieder da! *(Kasper ab)*

2. Akt **Im Dorf**

Räuber: Na, was haben wir denn da? Was macht denn so ein wunderschöner kleiner Koffer so ganz allein hier auf der Straße? *(Nimmt den Koffer)* Da hat dich jemand einfach stehenlassen und vergessen, Köfferchen. Na, umso besser, jetzt gehörst du mir!

Kasper: Halt! Das ist mein Koffer!

Räuber: I wo, das ist meiner!

Kasper: Nein, das ist meiner, den erkenne ich genau.

Räuber: Da könnte ja ein jeder daherkommen und behaupten, das ist sein Koffer.

Kasper: Aber den habe ich doch eben noch hier stehen gelassen. Ich bin nur schnell nach Hause gelaufen, weil ich meinen Ausweis vergessen hatte. Den brauche ich nämlich, weil, ich will in den Urlaub fahren, und in dem Koffer sind alle meine Sachen drin, die ich im Urlaub brauche. Also gib schon her! *(zerrt an dem Koffer)*

Räuber: *(hält ihn fest)* Ich denke ja nicht daran. Das ist mein Koffer und basta.

Kasper: *(zerrend):* Meiner!

Räuber: *(zerrend):* Meiner!

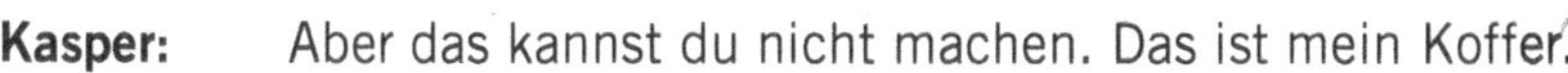

Kasper: Aber das kannst du nicht machen. Das ist mein Koffer!

Räuber: Wie willst du denn das beweisen, bittschön? Zufällig wollte ich nämlich auch gerade in den Urlaub fahren, und da habe ich halt genau so einen Koffer wie du.

Kasper: Unverschämtheit!

Räuber: Hättest du eben besser auf deinen Koffer aufpassen müssen. Das weiß doch ein jeder, dass man seinen Koffer nicht allein stehen lässt. Da könnte doch ein Räuber daherkommen. *(hämisch)* Also, ich bin da ja immer sehr vorsichtig und gebe meinen Koffer erst gar nicht aus der Hand. Da wird er mir auch nicht geklaut.

Kasper: *(zu den Kindern)* Der lügt, ohne rot zu werden! Aber ich weiß schon, wie ich dem beikomme, dem üblen Kofferdieb. *(zum Räuber)* Was hast du denn da drin, in deinem Koffer?

Räuber: Na, Sachen für den Urlaub halt. Was man so braucht, gell.

Kasper: Ach so, ja, klar. Und wohin soll es denn gehen?

Räuber: Zum Wandern. Da habe ich all so Sachen eingepackt, die man zum Wandern braucht.

Kasper: Verstehe. Wanderschuhe, dicke Socken, Windjacke und so Sachen.

Räuber: Genau.

Kasper: Ich fahre ans Meer und habe Sonnenbrille, Sonnencreme, Badehose und Handtuch eingepackt. Lass uns doch mal schauen, was im Koffer ist.

(Nimmt dem Räuber den Koffer ab, an die Kinder gewendet)

Wäre eins von euch Kindern so freundlich, als Schiedsrichter zu helfen?

(überreicht dem Kind das Köfferchen)

Schau doch einmal bitte nach, was im Koffer ist, ja?

(Das Kind öffnet den Koffer und zieht Sonnenbrille, Sonnencreme, Badehose und kleines Handtuch heraus.)

Kasper: *(zum Kind)* Vielen Dank! *(zum Räuber)* Gibst du jetzt endlich zu, dass es mein Koffer ist?

Räuber: *(weint)* Jetzt komme ich ins Gefängnis.

Kasper: Das hättest du dir früher überlegen sollen, du dreister Kofferdieb!

Räuber: *(weint immer heftiger)* Du sitzt in der Sonne, und ich hinter Gittern.

Kasper: Nun hör' schon auf zu weinen. Ich habe eine Idee: Du trägst meinen Koffer und dafür darfst du mitkommen!

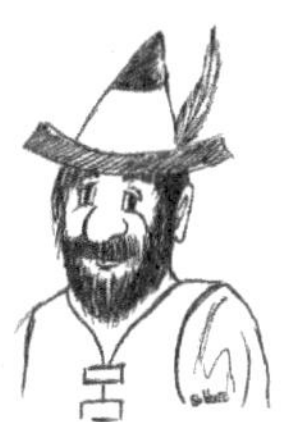

Räuber: Ehrlich?

Kasper: Aber nur, wenn du mir versprichst, keine Koffer mehr zu klauen!

Räuber: Versprochen!

Kasper: Das gilt übrigens auch für Handtaschen!

Räuber: *(enttäuscht)* Auch für Handtaschen? Aber die sind doch noch viel leichter zu klauen!

Kasper: Willst du nun mit oder nicht?

Räuber: Schon gut. Ehrenwort: Keine Koffer, keine Handtaschen.

Kasper: Und auch sonst nichts.

Räuber: Aber …

Kasper: Auch sonst nichts, deine Hand drauf!

Räuber: *(schlägt seufzend ein)* Auch sonst nichts, Hand drauf!

Kasper: Na dann, auf in den Urlaub!

Räuber: Auf in den Urlaub!

– Ende –

Kaffeetrinken mit Kasper und Bärchen

Für Kinder ab drei Jahren

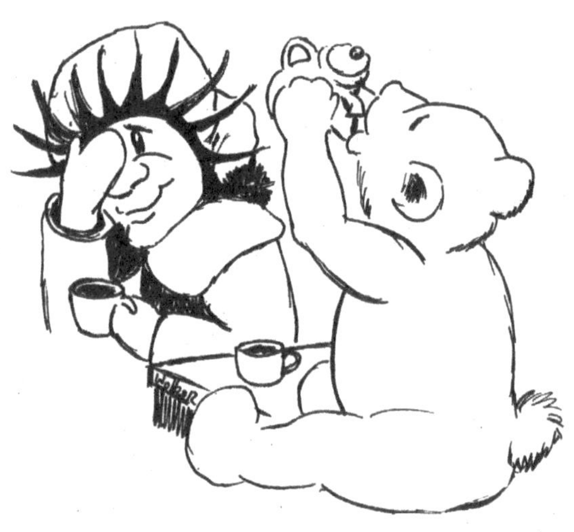

Inhalt: Kasper erzählt, dass heute sein Freund Bärchen zum Kaffeetrinken zu Besuch kommt. Auf dem Tisch stehen bereits zwei kleine Tassen und eine Kaffeekanne. Bärchen kommt, begrüßt Kasper und die Kinder und freut sich schon auf eine schöne Tasse Kaffee. Leider hat Bärchen aber keine Ahnung, wie man Kaffee trinkt, und macht alles falsch, was man nur falsch machen kann: Er wirft den Löffel hinter sich, hebt die Tasse am Rand hoch und lässt sie fallen, weil sie so heiß ist, er verschwindet mit der ganzen Schnauze gierig in der Tasse, schlürft fürchterlich laut, rülpst zum Schluss. Kasper bittet schließlich die Kinder, ihm zu helfen und Bärchen zu zeigen, wie man's macht.

Zu diesem Stück: Benehmen bei Tisch ist ein leidiges Thema im Kleinkindalter: Zwar ahmen Kinder intuitiv das gute Vorbild der Erwachsenen nach, doch spielt ihnen die eigene Ungeschicklichkeit dabei noch oft einen Streich, und umgestoßene Gläser beispielsweise sind eher die Regel als die Ausnahme. Umso schöner ist es, wenn es jemanden gibt, über den man lachen kann, weil er sich noch mehr daneben benimmt als man selbst und dem man mal zeigen kann, dass man schon weiß, wie es richtig geht. Für dieses lustige Mitmachstück braucht man keine Kasperbühne, sondern setzt sich am besten zu den Kindern an einen Tisch und lässt sich überraschen, wie vorbildlich die Kinder sich benehmen können. Es versteht sich, dass nur so getan wird als ob. Das Hantieren mit echter Flüssigkeit (z. B. Malzkaffee) hat zwar für die Kinder weitaus größeren Reiz, bietet sich jedoch allenfalls an warmen Sommertagen im Freien an. Denn natürlich werden die Kinder dem Bärchen nicht nur zeigen, wie's richtig geht, sondern auch begeistert Bärchens Tischsitten nachahmen und mächtig viel Spaß daran haben.

Figuren (in der Reihenfolge ihres Auftritts):
Kasper, Bärchen (bzw. eine beliebige andere Handpuppe)

Spieler: 1

Was sonst noch gebraucht wird:
Kaffeetassen, Kaffeekanne, Zuckertopf, Kaffeelöffel (alles aus unzerbrechlichem Material wie Plastik oder Melamin).

Spielort: **zu Hause**

Kasper: Tri, tra, trullala, tri, tra, trullala, der Kasper, der ist wieder da. Hallo, Kinder, seid ihr alle da? (...)

Ich höre ja, gar nichts, geht das auch lauter? (...)

Komisch. *(kratzt sich am Ohr)* Ich habe da ein Flüstern gehört. Also nochmal, Kinder, aber jetzt richtig: Seid ihr alle da? (...)

Ah, jetzt habe ich euch gehört!

Bärchen: *(schreit)* Ahhh! Wer macht denn da so einen Lärm! Das ist ja nicht zum Aushalten! *(auf den Tisch schauend)* Oh, hallo Kinder, und hallo Kasper!

Kasper: Guten Tag, Bärchen. Ich habe schon den Tisch gedeckt, schau nur, es gibt Kaffee, den magst du doch so gern!

Bärchen: Das ist aber nett von dir!

Kasper: Komm, ich schenke dir ein. Gib deine Tasse her.

Bärchen: Tasse? Brauch' ich nicht. Ich trinke immer aus der Kanne.

Kasper: *(lauter)* Du trinkst immer aus der Kanne?

Bärchen: *(nickt)* Und essen tue ich immer aus dem Topf.

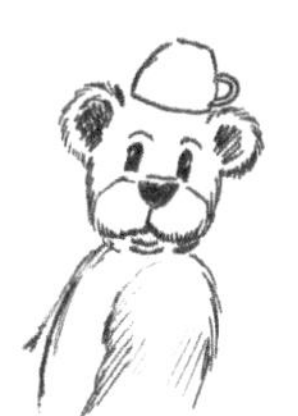

Kasper: *(lauter)* Du isst aus dem Topf?

Bärchen: Sag' mal, musst du immer dasselbe sagen wie ich, nur lauter?

Kasper: Also, wir haben hier Tassen. Das ist praktisch, weißt du. Da hat jeder seine eigene.

Bärchen: Na gut. Ist aber klein, so eine Tasse. Da passt nicht viel rein, oder?

Kasper: Du kannst ja nachnehmen. Zucker?

Bärchen: Ja, klar. *(Bärchen nimmt den Löffel und schaufelt sich mehrmals Zucker in seinen Kaffeebecher. Dann rührt er um und wirft den Löffel in hohem Bogen hinter sich.)*

Kasper: *(schaut dem Löffel hinterher)* Du hast den Löffel weggeworfen.

Bärchen: Ja, den brauche ich nicht mehr, oder?

(Bärchen nimmt Anlauf und stürzt sich kopfüber in die Kaffeetasse. Dann schreit es schmerzvoll auf).

Bärchen: Au! Au! Ist das heiß! Ich habe mir den Mund verbrannt! Au! Au!

Kasper: Kein Wunder, wenn du dich mit dem Kopf voran so da reinstürzt.

Bärchen: Aua! Kannst du mal pusten, Kasper?

Kasper: *(pustet)* Warte, jetzt singe ich noch für dich. *(singt)* Heile, heile, Segen, drei Tage Regen, drei Tage Sonnenschein, bald wird's wieder besser sein. Besser, Bärchen? *(Bärchen schüttelt den Kopf)*

Kasper: Also nochmal. Kinder, könnt ihr mitsingen? Dann hilft es besser. *(singt mit den Kindern)* Heile, heile Segen, drei Tage Regen, drei Tage Sonnenschein, bald wird's wieder besser sein!

Bärchen: *(nickt)* Jetzt tut es nicht mehr weh.

Kasper: Du bist aber auch zu dumm, Bärchen.

Bärchen: Warum bin ich dumm?

Kasper: Na, das ist doch kein Schwimmbecken, sondern eine Kaffeetasse. Du kannst doch einfach die Hände nehmen und die Tasse zum Mund führen, und dann kleine Schlucke trinken. Dann ist es auch nicht so heiß. Soll ich's dir mal zeigen?

Bärchen: I wo, ich weiß schon. Ich nehme jetzt meine Hände *(greift mit beiden Händen die Tasse, lässt sie aber erschreckt fallen)* Au, ist das heiß!

Kasper: Auwei. Jetzt ist der Kaffee nicht mehr in der Tasse, sondern auf dem Tisch, Bärchen.

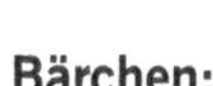

Bärchen: *(am Tisch schleckend)* Ja, macht nichts, da lecke ich ihn einfach auf, siehst du wohl? Ist auch gar nicht mehr so heiß jetzt.

Kasper: *(schenkt wieder Kaffee nach, in dieser Zeit futtert Bärchen den Zucker in der Zuckerdose auf)* So, Bärchen, hier hast du neuen Kaffee, und jetzt zeige ich dir einen Trick. Sieh mal, hier gibt es einen Griff an der Tasse, damit du dir nicht die Pfoten verbrennst.

Bärchen: Super.

Kasper: *(sieht in den Zuckertopf)* Wo ist denn der Zucker hin?

Bärchen: Hab' ich gegessen. Der schmeckt ohne Kaffee noch besser.

Kasper: *(holt neuen Würfelzucker)* Hier ist neuer Zucker. Wie viel möchtest du?

Bärchen: *(nimmt ihm alles ab)* Alles. Danke. *(rührt mit der ganzen Hand um)*

Kasper: Wenn du den Löffel nicht weggeworfen hättest, Bärchen …

Bärchen: So, jetzt probiere ich mal den Trick mit dem Henkel. Hier anfassen *(fasst die Tasse vorsichtig, schlürft dann laut, dann stürzt er sich wieder kopfüber in den Kaffee und setzt sich die Tasse auf den Kopf.)*

Kasper: Du bist ein hoffnungsloser Fall, Bärchen. Ich sehe schon, das wird nichts.

Bärchen: Wieso? Habe ich was falsch gemacht?

Kasper: Du machst alles falsch, Bärchen.

Bärchen: *(rülpst laut und schaut von den Kindern zum Kasper und wieder zu den Kindern)* Findet ihr das auch?

Kasper: *(zu den Kindern, die mit am Tisch sitzen)* Könnt ihr dem Bärchen mal zeigen, wie man aus einer Tasse trinkt?

(Jetzt kommen die Kinder so richtig zum Zug und zeigen dem Bärchen, wie formvollendet sie trinken können. Doch Bärchen wird noch etliche Versuche und viele Vorbilder brauchen, bis es klappt. Und die Kinder werden wahrscheinlich ihre helle Freude daran haben, dem Bärchen nicht nur zu zeigen, wie es richtig geht, sondern auch Bärchens Tischmanieren nachzumachen ...)

Spuk im Schloss der Prinzessin

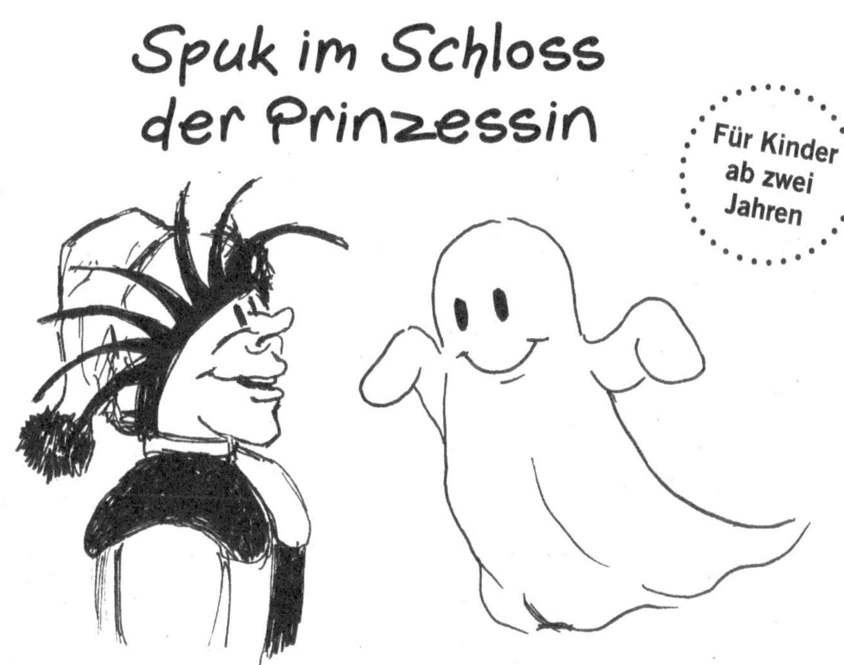

Inhalt: Die Prinzessin kommt auf die Bühne und ruft nach Kasper. Die Kinder helfen mit und rufen, bis Kasper schließlich kommt. Dann erzählt die Prinzessin ihm von ihrem Kummer: Sie kann keine Nacht mehr schlafen, weil es im Schloss spukt. Kasper verspricht zu helfen und legt sich im Schloss auf die Lauer bis Mitternacht. Und wirklich, da kommt das Gespenst und ruft wieder „Hui bu!“ Doch der mutige Kasper versteckt sich nicht, sondern rennt auf das Gespenst zu und fängt es. Da beginnt es zu jammern: „Lass mich los!“ Kasper zieht ihm die weiße Decke weg, und das Gespenst entpuppt sich als Räuber. Er wollte die Prinzessin aus ihrem Schloss vertreiben, weil es ihm in seiner Räuberhöhle zu kalt war. Zur Strafe muss der Räuber das Schloss putzen.

Zu diesem Stück: Besonders spannend wird der zweite Akt gestaltet, wenn man das Zimmer verdunkelt und nur die Puppenbühne mit einer schwachen Taschenlampe erhellt wird. Und wenn die zwölf Schläge der Kirchturmuhr z. B. durch einen tiefen Gong simuliert werden, sind die Kinder wahrscheinlich ganz still vor Spannung, was nun zur Geisterstunde passieren wird. Dieses Stück verliert auch durch mehrmalige Aufführungen nicht an Reiz. Im Gegenteil, unser Sohn liebte es, sich selbst ein Bettlaken über den Kopf zu ziehen, den Räuber als größeres und daher viel schrecklicheres Gespenst zu erschrecken und Kasper in die Arme zu treiben. Anschließend half er dem Räuber mit seiner Wasserpistole beim Putzen des Schlosses.

Figuren (in der Reihenfolge ihres Auftritts):
Prinzessin, Kasper, Räuber

Spieler: 1

Was sonst noch gebraucht wird:
Ein weißes Tuch (z. B. eine Stoffwindel) zum Verkleiden des Räubers als Gespenst; ein Puppenstuben-Besen (z. B. aus kleinen Heckenzweigen zusammengebunden); wer es besonders schön haben möchte, kann für dieses Stück mit den Kindern eine Schlosskulisse basteln.

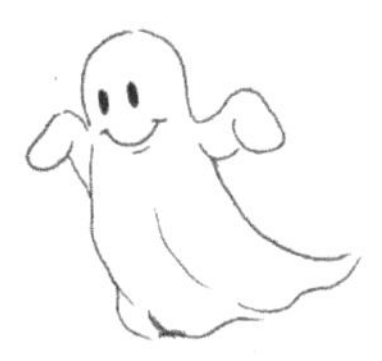

1. Akt **Im Dorf**

Prinzessin: *(zitternd und weinend)* Kasper! Kasper! Wo ist denn nur der Kasper. Der muss mir helfen. Oh je, oh je, oh je, oh je. So habe ich mich in meinem ganzen Leben noch nicht gefürchtet. Es spukt! Es spukt im Schloss! Nachts kann ich nicht mehr schlafen, und tags finde ich auch keine Ruhe. Immer muss ich an das fürchterliche Gespenst denken. Wo ist denn nur der Kasper? *(sich umschauend)*

Kasper, Kasper! *(zu den Kindern)* Kinder, helft ihr mir, den Kasper zu rufen? (...)

Also dann: KASPER, KASPER!

Kasper: Tri, tra, trullala, tri, tra, trullala, der Kasper, der ist wieder da. Wer ruft mich?

Prinzessin: Ich!

Kasper: Guten Tag, holde Prinzessin. Was ist denn los? Warum weinst du?

Prinzessin: Stell' dir vor, Kasper, es spukt im Schloss! Jede Nacht zur Geisterstunde kommt ein Gespenst und heult ganz fürchterlich.

Kasper: Ein Gespenst im Schloss? Sozusagen ein Schlossgespenst? Das ist ja toll!

Prinzessin: Das ist überhaupt nicht toll.

Kasper: Na klar ist das toll. Wenn ich im Schloss wohnen tät und ein eigenes Schlossgespenst hätt', das wäre doch eine Attraktion. Dann tät' ich Eintritt nehmen: Einmal Gruseln mit einem echten Schlossgespenst für einen Euro. Die Leute kommen von nah und fern, und ich werde reich.

Prinzessin: Ich find' gar nicht, dass das eine Attraktion ist, so ein Schlossgespenst. Ich mag gar nicht mehr im Schloss wohnen, weil ich so viel Angst vor der Geisterstunde habe.

Kasper: *(lacht)* Angst? Du hast Angst? Etwa vor dem Gespenst? Aber das weiß doch ein jeder, Gespenster gibt es nicht. Das hast du doch nur geträumt. Träume sind Schäume, liebe Prinzessin. Die zerplatzen wie Seifenblasen an der Luft.

Prinzessin: Und wenn das ein Traum war, wer hat dann „Hui Buh" gerufen? Wer hat dann die Uhren verstellt im ganzen Schloss? Und wer hat die ganze Unordnung gemacht? Das war kein Traum, Kasper. Und in der letzten Nacht hat das Gespenst mir die Bettdecke weggezogen und sie aus dem Fenster geworfen. Hier, sieh, sie ist ganz dreckig! *(zum Beweis zeigt die Prinzessin Kasper die schmutzige Decke)*

Kasper: Das ist allerdings merkwürdig. Weißt du was? Ich komme mit ins Schloss und sehe mir das Gespenst selbst einmal an, ja?

Prinzessin: Ja, danke, Kasper!

2. Akt Im Schloss

(Die Bühne wird verdunkelt und nur von einer Taschenlampe beleuchtet. Kasper liegt auf der Lauer.)

Kasper: *(flüstert)* So, wollen doch einmal schauen, was es mit diesem Gespenst auf sich hat. Gleich schlägt die Kirchturmuhr zwölf Mal, dann ist Geisterstunde. *(Die Uhr, beispielsweise ein kleiner Gong, schlägt zwölf Mal)*

Räuber: *(mit einem weißen Tuch verhüllt, nähert sich dem Kasper, wispernd)* Hui buh! Hui buh! Türen schlagen auf und zu! Hui buh! Hui buh! Es ist aus mit der Ruh! Hui Buh! Hui Buh! Ich mach' dir Angst im Nu!

Kasper: Nein, mir machst du keine Angst. Ich glaube nicht an Gespenster, weißt du.

Räuber: *(unter dem weißen Tuch, hektisch)* Hui buh, hui buh, hui buh!

Kasper: Hui doch selber, du Möchtegern-Gespenst. Das hab' ich gern, die Prinzessin erschrecken *(er nähert sich schnell dem Gespenst und fängt es.* Da – hab' ich dich!

Räuber: Lass' mich los, Kasper!

Kasper: Na so etwas, Hui Buh hört sich ja plötzlich an wie jemand, den ich nur zu gut kenne. Jetzt machen wir mal Licht. *(das Licht geht an)* Wen haben wir denn hier? *(zieht das Tuch vom Kopf des Räubers)* Na, da schau her, der Herr Räuber gibt sich die Ehre! Gute Nacht auch. Sag einmal, schämst du dich nicht, hier solch ein Schmierentheater aufzuführen, um die Prinzessin zu erschrecken? Was hast du dir denn dabei gedacht?

Räuber: *(kleinlaut)* Ich dachte, wenn die Prinzessin glaubt, dass es in ihrem Schloss spukt, dann zieht sie aus, und ich kann hier einziehen. Hier ist es viel schöner als bei mir in der Räuberhöhle.

Kasper: Das hast du dir ja fein ausgedacht. Aber da hast du die Rechnung ohne den Kasper gemacht.

Räuber: Muss ich jetzt wieder ins Gefängnis?

Kasper: Ich weiß etwas Besseres: Du entschuldigst dich bei der Prinzessin.

Räuber: *(freut sich)* Au fein, wenn's weiter nichts ist, da bin ich ja prima davongekommen.

Kasper: Halt, ich bin noch nicht fertig. Du entschuldigst dich bei der Prinzessin, aber erst, wenn du vorher das ganze Schloss auf Hochglanz gebracht hast. Als Zeichen dafür, dass es dir leid tut, dass du ihr so einen gemeinen

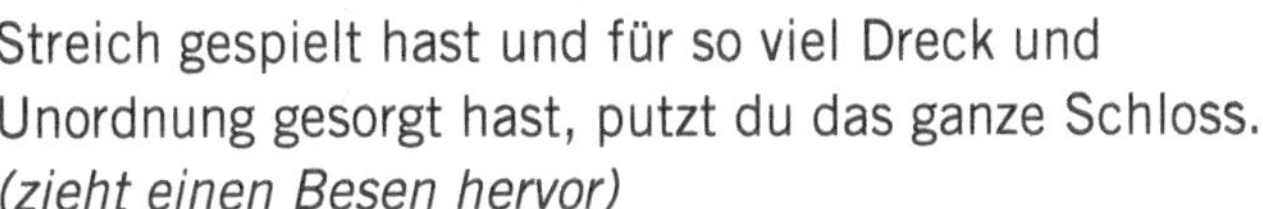

Streich gespielt hast und für so viel Dreck und Unordnung gesorgt hast, putzt du das ganze Schloss. *(zieht einen Besen hervor)*

Räuber: Das ganze Schloss? Alle dreihundertdreiundvierzig Zimmer?

Kasper: *(nickt)* Allerdings. Plus die Schweineställe, die müssen auch ausgemistet werden.

Räuber: Da will ich doch fast lieber ins Gefängnis.

Kasper: Kannst du haben. *(ruft)* Polizei! Polizei!

Räuber: *(seufzend)* Schon gut. Gib' schon her den Besen.

Kasper: *(gibt ihm den Besen)* Erst hast du den Schmutzgeist gespielt und alles dreckig gemacht, jetzt spielst du dafür den Putzgeist und machst alles sauber. Viel Spaß damit! *(Kasper ab, Räuber beginnt zu fegen, ebenfalls ab.)*

– Ende –

Teddy ist krank

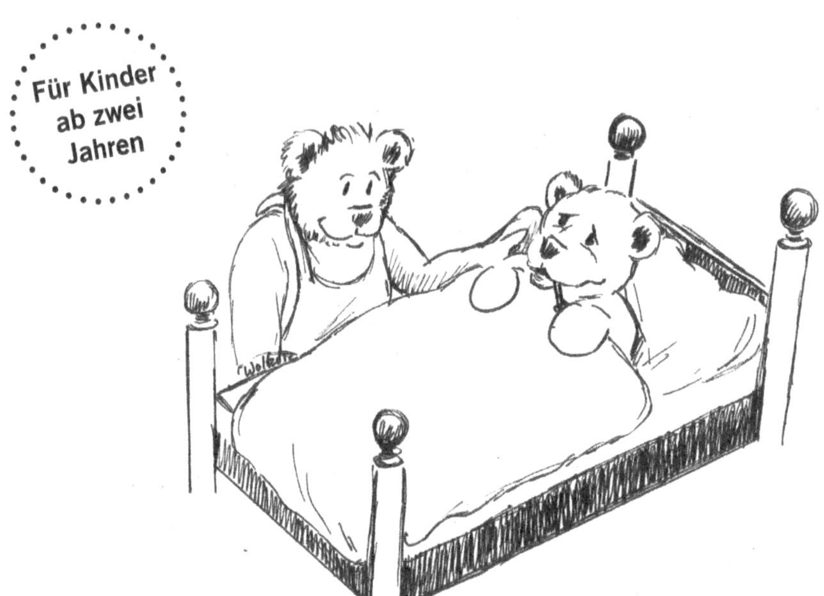

Inhalt: Teddy jammert, dass er krank sei. Während seine Mutter besorgt nach Doktor Grete ruft, erzählt er aber den Kindern, dass er in Wirklichkeit nur keine Lust hat, zur Schule zu gehen. Dr. Grete kommt, untersucht den kleinen Faulpelz und diagnostiziert schließlich akutes Faulfieber – dank der Aussicht, nun viermal am Tag eine bittere Medizin schlucken und auf sein Lieblingsessen verzichten zu müssen, wird Teddy ganz spontan wieder putzmunter.

Zu diesem Stück: Dies ist ein kleines, lustiges „Moralstück“ der Kategorie „Lügen haben kurze Beine“. Darüber hinaus eignet es sich aber auch gut, um ein krankes Kind zu unterhalten.

Figuren (in der Reihenfolge ihres Auftritts): Teddy, Mutter, Doktor Grete (wahlweise Doktor Eule, Doktor Kasper ...)

Spieler: 1

Was sonst noch gebraucht wird: Spielzeug-Doktorkoffer

Spielort: **Kinderzimmer**

Teddy: *(im Bett liegend)* Oh weh, oh weh, mir tut alles weh. Es ist ein schöner Tag, die Sonn lacht, aber ich will gar nicht aufstehen. Der Kopf brummt, der Bauch zwickt und zwackt, die ... hatschi ... die Nase läuft mir davon. *(nimmt ein Taschentuch und schnieft laut hinein und ruft laut)* Mama, ich glaube, ich kann heute nicht in die Schule!

Mutter: *(herbeieilend)* Oh du armes Kind, bleib nur ja im Bett und ruhe dich gut aus! *(Leise, besorgt)* Da will ich rasch Doktor Grete anrufen, dass sie kommt und nach dem Kind schaut! *(Mutter ab)*

Teddy: *(leise zum Publikum)* Also, ich bin gar nicht krank. Eigentlich habe ich nur keine Lust, in die Schule zu gehen. Immer stillsitzen und lernen, das ist mir viel zu langweilig. Da bleibe ich lieber gemütlich im Bett und lasse mich von der Mama verwöhnen.

Doktor Grete: *(mit Doktorkoffer an der Hand, ist während der Enthüllungen von Teddy schon hereingekommen und hat mitgehört. Leise zum Publikum)*

Na, so ein Rotzlöffel! Dem werde ich Beine machen, dem kleinen Faulpelz! *(laut zu Teddy)* Dingdong, jemand krank?

Teddy: Na, ich.

Doktor Grete: Was fehlt dir denn, du armes Kind?

Teddy: Die Gesundheit.

Doktor Grete: Ja, das sehe ich, du liegst im Bett, ganz krank und schwach, aber erzähle mir mal genau, was dir fehlt.

Teddy: Also, mir tut der Bauch ganz furchtbar weh!

Doktor Grete: Wo genau?

Teddy: Überall. Hier, und hier, und hier.

Doktor Grete: (drückt an einer Stelle): Und hier auch?

Teddy: Au! Da besonders!

Doktor Grete: *(nickt)* Aha. Ein schwerer Fall, ich sehe schon.

Teddy: Und der Kopf – der Kopf brummt schrecklich.

Doktor Grete: (nickt): Aha.

Teddy: Und ... hatschi! Die Nase läuft so schlimm, die läuft mir davon, wenn ich nicht aufpasse.

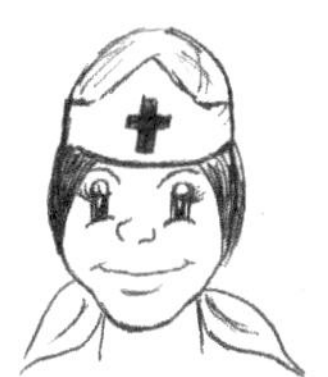

Doktor Grete: (nickt): Und sonst noch was?

Teddy: Mir ist so heiß.

Doktor Grete: Verstehe.

Teddy: Und ich mag nichts essen. *(schwärmerisch)* Wenn ich an Bratwürstchen mit Pommes frites denke, und an einen großen Teller Spaghetti mit Tomatensoße, und an Fischstäbchen, Pizza und an Himbeereis und Zitronenlimonade und Chips, und Gummibärchen – *(leidend)* also, wenn ich an all das nur denke, dann wird mir schlecht. Richtig speiübel wird mir davon. Ach, ich bin so krank, ich bleibe am besten heute im Bett.

Doktor Grete: Aha. *(öffnet den Doktorkoffer)* Da wollen wir doch mal anfangen mit der Untersuchung.

Teddy: *(ängstlich)* Was willst du untersuchen?

Doktor Grete: Na, den Patienten natürlich.

Teddy: *(schaut sich um)* Welchen Patienten?

Doktor Grete: Na, dich! Du bist der Patient.

Teddy: *(ängstlich)* Und was machst du jetzt mit mir?

Doktor Grete: *(nimmt das Fieberthermometer heraus)* Ich untersuche dich von Kopf bis Fuß.

Teddy: Tut das weh?

Doktor Grete: Schön das Mäulchen aufsperren und „A“ sagen, Teddy!

Teddy: „AAAAA!“

Doktor Grete: Sehr gut. Dein Hals sieht ganz prima aus. Jetzt schauen wir, ob du Fieber hast.

Teddy: Ganz bestimmt habe ich Fieber, so heiß, wie mir ist. Das brauchst du nicht zu untersuchen. Fühl’ mal meine Stirn!

Doktor Grete: Fiebermessen muss sein.

Teddy: Tut das weh?

Doktor Grete: Nein, auch das tut nicht weh, du Angsthase. *(nimmt das Fieberthermometer aus dem Doktorkoffer)* Hier, klemm’ dir das einmal unter den Arm.

Teddy: Na gut. Es geht mir übrigens schon wieder viel besser.

Doktor Grete: Wirklich? Das ist ja schön. *(guckt auf das Fieberthermometer)* 36,8.

Teddy: Ich sage ja, schlimmes Fieber.

Doktor Grete: Nein, 36,8 ist ganz normal. *(leise zum Publikum)* Das einzige, was Teddy hat, ist akutes Faulfieber. Der ist einfach zu faul, um in die Schule zu gehen. Aber ich weiß, was in solchen Fällen ganz schnell wieder auf die Beine hilft *(zieht ein Fläschchen aus dem Doktorkoffer)* Hier habe ich eine Medizin für dich, Teddy. Die habe ich extra selbst zusammengebraut, für Fälle wie dich. Davon nimmst du viermal am Tag einen Löffel ein, und das eine Woche lang.

Teddy: O fein, danke, da nehme ich gleich einen Löffel davon. *(zum Publikum)* Wenn's weiter nichts ist! *(probiert einen Löffel von der Medizin, spuckt heftig aus)* Bäh, igitt! Pfui Teufel!

Doktor Grete: *(zum Publikum)* Meine Spezialmedizin für Patienten, die nur so tun, als ob sie krank sind: wirkungslos, aber sie schmeckt scheußlich. *(zum Teddy)* Nimm nur brav deine Medizin, dann bist du rasch wieder auf den Beinen. Außerdem sage ich deiner Mutter, dass du vier Wochen lang eine Diät brauchst.

Teddy: Diät? Was ist das?

Doktor Grete: Du darfst nur noch bestimmte Sachen essen. Verboten sind Bratwürste und Pommes, Pizza, Fischstäbchen, Himbeereis, Limonade, Spaghetti mit Tomatensoße, Chips und Gummibärchen.

Teddy: *(hoffnungsvoll)* Und was ist mit Schokolade?

Doktor Grete: *(streng)* Auch verboten, tut mir leid.

Teddy: *(springt aus dem Bett)* Dr. Grete, die Medizin hat schon gewirkt. Das Bauchweh ist wie weggeblasen! Ich bin wieder pumperlgesund! Die Medizin brauche ich nicht mehr! Und auch die Diät nicht! Und jetzt muss ich schnell in die Schule! Tschüs!

– Ende –

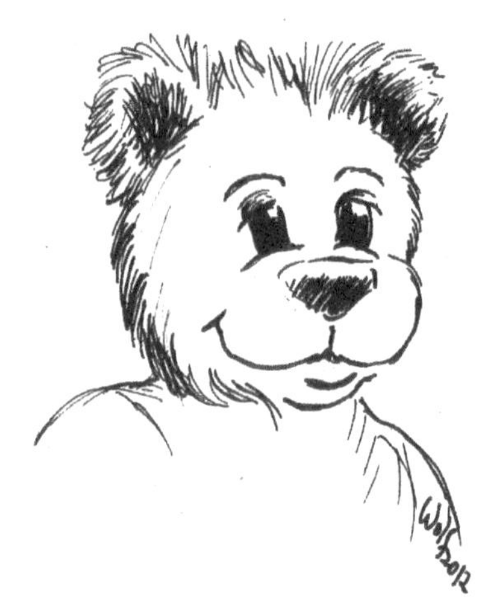

Die drei Wünsche

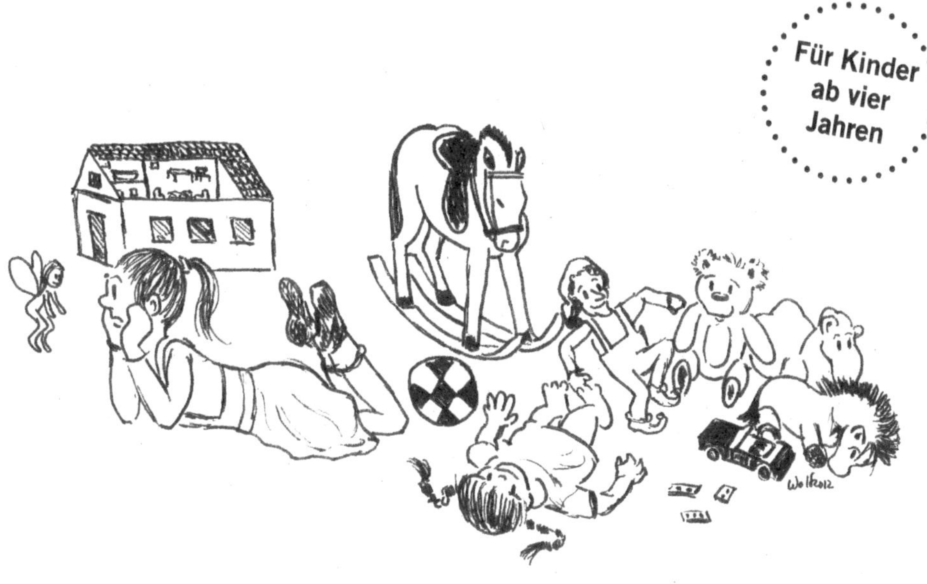

Inhalt: Grete trifft im Zauberwald auf eine Fee, die ihr drei Wünsche gewährt. Grete überlegt lange, berät sich mit den Kindern und hat schließlich eine schlaue Idee: Sie wünscht sich, dass all ihre Wünsche in Erfüllung gehen. Die Fee versucht sie davon abzubringen, willigt aber schließlich ein. Grete ist zunächst glücklich und fängt an, sich Dinge zu wünschen: Eine Puppe, ein neues Kleid, einen ganzen Eimer Gummibärchen usw. Bald sitzt sie nur da und interessiert sich für nichts mehr. Die Fee kommt vorbei und fragt, was los ist. Grete sagt, dass sie unglücklich ist, aber nicht weiß warum. Die Fee erklärt, dass Wünsche, die sofort in Erfüllung gehen, nicht groß werden können. Wünsche müssen erst wachsen und groß werden, bevor sie in Erfüllung gehen, sonst machen sie nicht glücklich. Da Grete noch zwei Wünsche frei hat, wünscht sie sich, dass der erste Wunsch rückgängig gemacht wird. Den dritten Wunsch hebt sie sich auf für die Zeit, wenn ein Wunsch ganz riesig groß geworden ist. Die Fee verspricht, dann wiederzukommen.

Zu diesem Stück: Wir Erwachsenen verlangen den Kindern oft viel ab: Einerseits spielen wir die gute Fee, schenken oft und viel, um uns am Glanz der Kinderaugen zu erfreuen, andererseits finden wir die Kinder undankbar und beschweren uns, wenn sie mit der Zeit immer fordernder werden und kaum noch mit den gerade neu gekauften Sachen spielen …

Figuren:
Fee (ersatzweise auch Hexe), eventuell mit aufgeklebten oder aufgenähten Flügeln aus Papier oder Filz
Grete (ersatzweise Kasper oder Seppel)

Spieler: 1

Was sonst noch gebraucht wird:
Zwei Kulissen für Zauberwald und Kinderzimmer. Die Kulisse für den Zauberwald ist, genau wie bei den anderen Stücken die Kulissen, nicht unbedingt nötig, die Kinder besitzen genug Fantasie, um sich die Umgebung vorzustellen. Aber die Kulisse für das mit Spielsachen vollgepfropfte Kinderzimmer ist nützlich, damit das Publikum gleich sehen kann, wie viele Spielsachen Grete sich schon gewünscht – und bekommen hat. Die Kulisse für das Kinderzimmer entsteht, indem Abbildungen von Spielsachen und Süßigkeiten aus Werbeprospekten und Spielwarenkatalogen ausgeschnitten und auf eine große Pappe geklebt werden.

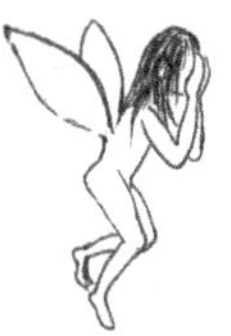

1. Akt **Im Zauberwald**

Grete: Das Wandern ist der Grete Lust, das Wandern ist der Grete Lust, das Wa-han-dern. Ach, wie schön ist es hier im Wald. Die Leute in der Stadt sagen ja, dass hier der Zauberwald beginnt, aber das glaube ich nicht. Das sieht doch ganz normal aus hier: Alles ist grün, die Vögel zwitschern in den Bäumen, die Blätter rauschen im Sommerwind. Ach, was ist das schön. Hier ist ein prima Platz, um eine kleine Pause zu machen. *(lässt sich am Bühnenrand nieder. Auftritt der Fee.)*

Fee: Guten Tag!

Grete: *(erschrocken)* Guten Tag! Wo kommst du denn auf einmal her? Ich habe dich gar nicht gehört.

Fee: *(stolz)* Das ist normal. Ich bin eine Fee.

Grete: Eine Fee? Ha, ha. Eine Fee. Die gibt's doch gar nicht. Du willst dir wohl einen Spaß mit mir erlauben.

Fee: Nein. Ich bin wirklich eine Fee.

Grete: Sehr witzig. Das glaube, wer will. Ich jedenfalls nicht.

Fee: *(stolz)* Ist dir nichts an mir aufgefallen? Etwas, das du zum Beispiel nicht hast?

Grete: Ach, du meinst die Flügel. Die sind doch bestimmt nicht echt.

Fee: *(fliegt etwas in die Höhe, schwebt über Grete)* Glaubst du's nun?

Grete: *(staunend)* Du kannst ja wirklich fliegen!

Fee: Ich sage doch, ich bin eine echte Fee. Und nicht nur das, ich bin eine Wunschfee.

Grete: Eine Wunschfee? Oh, toll, da kann ich mir was wünschen?

Fee: Du hast aber nur drei Wünsche frei. Überlege es dir gut, was du dir wünschst!

Grete: Ich habe aber ganz viele Wünsche. Was mache ich da nur? *(überlegt)* Ich hab's! Ich wünsche mir einfach, dass alle meine Wünsche in Erfüllung gehen!

Fee: *(erschrocken)* Nein, tu das nicht! Du willst doch nicht unglücklich werden, oder?

Grete: Warum sollte ich unglücklich werden, wenn alle meine Wünsche in Erfüllung gehen? Das ist doch toll!

Fee: Du willst dir also wirklich wünschen, dass alle deine Wünsche in Erfüllung gehen?

Grete: Ja.

Fee: *(seufzend)* So sei es. Alle deine Wünsche gehen ab jetzt in Erfüllung.

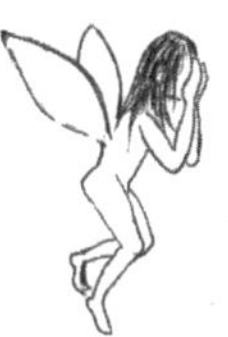

2. Akt **Kinderzimmer**

Grete: *(sitzt lustlos am Rand der Puppenbühne)* Ach, mir ist so langweilig. Ich wünschte, die Fee wäre hier.

Fee: *(fliegt herbei)* Du hast dir gewünscht, dass ich komme, und hier bin ich. Denn alle deine Wünsche gehen in Erfüllung.

Grete: Ich weiß. *(zeigt auf die Kulisse mit dem vielen Spielzeug)* Ich habe mir in den letzten Tagen alles gewünscht, was ich immer schon haben wollte. Am ersten Tag habe ich mir einen Eimer voll Gummibärchen gewünscht. Am zweiten Tag habe ich mir eine Million Eis am Stiel gewünscht.

Fee: Da wurde es aber mächtig kalt im Kinderzimmer!

Grete: Stimmt, ich friere immer noch, wenn ich daran denke.

Fee: *(deutet auf die Kulisse)* Und dann hast du dir all die Sachen hier gewünscht.

Grete: *(gelangweilt)* Ja, ich weiß. Zuerst die Puppe, das war toll, die habe ich mir schon ganz lange gewünscht. Dann den Kaufladen, das war auch toll, und das Playmobil-Puppenhaus, dann die Wii, dann das Spielhaus im Garten, dann die Rutsche, dann *(gähnt)* … ach, ich weiß nicht mehr.

Fee: Freust du dich nicht?

Grete: Nö.

Fee: Hast du gar keine Lust mehr, mit all deinen Spielsachen zu spielen?

Grete: Nö.

Fee: *(nickt)* Ach je, das habe ich mir schon gedacht. Ich habe dich ja gewarnt. Wenn Wünsche immer gleich in Erfüllung gehen, machen sie nicht glücklich. Alte Feenweisheit. Wünsche müssen erst wachsen und groß werden. Wie Blumen. Deine Wünsche waren so klein wie Gänseblümchen. Aber richtig tolle Wünsche sind so groß wie Sonnenblumen. Wenn sie dann in Erfüllung gehen, ist es super.

Grete: Na toll, das hättest du mir auch früher sagen können.

Fee: Wünsch' dir doch einfach, dass dein erster Wunsch rückgängig gemacht wird.

Grete: Aber dann kann ich mir ja nichts mehr von dir wünschen!

Fee: Doch, ein Wunsch von deinen drei Wünschen ist dann noch übrig. Und weißt du was? Den hebst du dir für später auf, wenn er groß wie eine Sonnenblume geworden ist, ja?

Grete: Okay: Ich wünsche mir, dass mein erster Wunsch rückgängig gemacht wird!

Fee: So sei es! Dein erster Wunsch ist rückgängig gemacht!

Grete: Halt! Was ist denn mit den Sachen, die ich mir schon gewünscht habe? Verschwinden die wieder?

Fee: Nein, die kannst du behalten. Unter einer Bedingung: Spielst du mit mir Verstecken?

Grete: *(fröhlich)* Geht klar. Zähl' bis zehn und such mich! *(verschwindet)*

Fee: *(zählt bis zehn, dann suchend ab)* Grete, wo bist du!

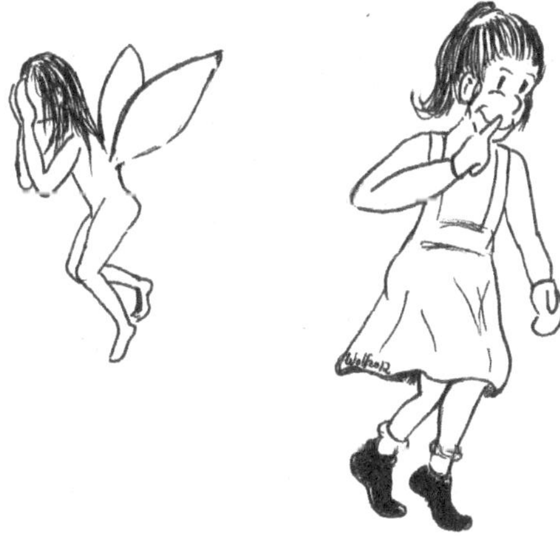

Der Wunschhut

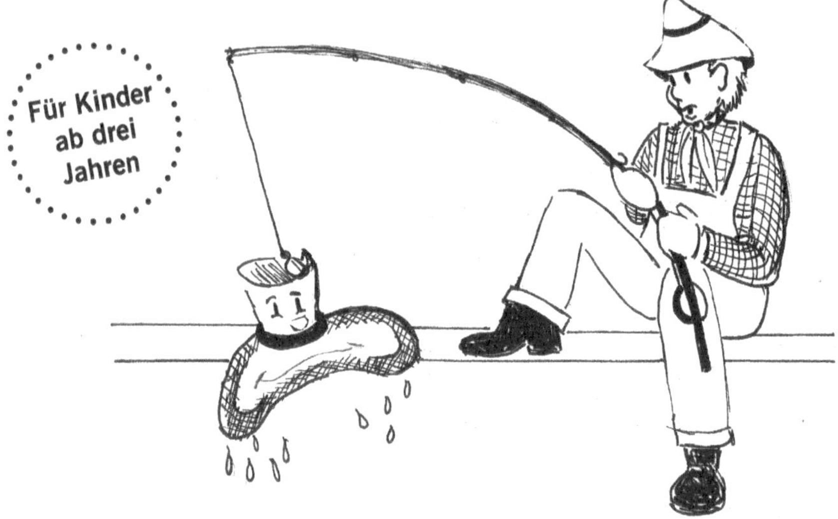

Inhalt: Seppel sitzt am Bühnenrand und angelt. Es kommen allerlei lustige Sachen zutage, und schließlich angelt er einen großen Fisch, doch als er ihn vom Haken gelöst hat, spricht der Fisch zu ihm und bettelt darum, wieder ins Wasser geworfen zu werden. Wenn er das tue, würde er beim nächsten Mal, wenn er angelt, einen Hut an der Schnur haben, der Zauberkräfte besitze. Wer immer ihn aufsetze und sich etwas wünsche, dem würde sein Wunsch in Erfüllung gehen. Allerdings habe der Hut nur die Zauberkraft, drei Wünsche zu erfüllen. Seppel glaubt dem Fisch und angelt tatsächlich einen alten Hut. Glücklich geht er nach Hause zu seiner Frau Grete. Die bereitet gerade das Essen zu und beschwert sich, dass sie so arm sei, dass es immer nur

Kartoffeln gebe, nie eine schöne saftige Bratwurst dazu. Als Seppel ihr den Hut zeigt und erzählt, was es damit auf sich hat, setzt sie ihn übermütig selbst auf den Kopf und wünscht Bratwürste herbei. Der Wunsch wird erfüllt, die Bratwürste brutzeln neben den Kartoffeln in der Pfanne, und Seppel wird wütend, reißt Grete den Hut vom Kopf, schimpft mit ihr und sagt: Ich wünschte, die Bratwürste würden dir von der Nase hängen, du dumme Gretel! Prompt wird auch dieser Wunsch erfüllt, es gibt großes Geschrei, ein Ziehen und Zerren, während Seppel und Grete erfolglos versuchen, die Bratwürste wieder von Gretes Nase zu reißen. Letztlich bleibt Seppel nichts anderes übrig, als den letzten Wunsch zu opfern, damit Gretel die Bratwürste an der Nase wieder loswird.

Zu diesem Stück: Dieses Stück lehnt sich im Motiv der gewünschten Bratwürste, die an der Nase hängen, an ein Kasperle-Theaterstück von Franz Graf von Pocci aus dem Jahr 1858 an. Es ist ein lustiger „Wie-gewonnen-so-zerronnen-Klamauk“, der vor Augen führt: zuerst denken, dann handeln.

Figuren:
Seppel, Grete, Fisch

Spieler: 1 Erwachsener als Spieler, 1 Erwachsener oder ein Kind als Helfer hinter der Bühne, der die verschiedenen Dinge an der Angelschnur befestigt.

Was sonst noch gebraucht wird:
Eine Angel (ein Stock mit einem Faden, an dessen Ende ein Haken befestigt ist), ein Puppenschuh, eine Puppenwindel, ein Fisch (aus Pappe, mit Loch, damit er an die Angel gehängt werden kann), ein kleiner Filzhut, der auf Seppels und Gretes Kopf passt, zwei Bratwürstchen (aus ausgeschnittener und mit einen Klebestrip versehener Pappe), dazu eine kleine Pfanne

1. Akt Im Wald

(Seppel sitzt am Bühnenrand und hält eine Angel in der Hand. Die Angelschnur hängt hinter der Bühne herab, so dass die Kinder im Publikum nicht sehen, wo sie endet)

Seppel: Wollen wir doch mal sehen, ob ich mir eine leckere Forelle fange hier aus dem Teich. Komm schon, kleines Fischlein, beiß' nur schön an! Da! Ich glaub', es hat einer angebissen! *(zieht die Angelschnur hoch. Es kommt ein Puppenschuh an der Angel zum Vorschein)*

Seppel: *(enttäuscht)* Nur ein alter Schuh. *(löst den Schuh von der Angelschnur, wirft ihn ins Publikum)* Den kann ich nicht gebrauchen. Der ist mir zu ausgelatscht. *(Angelt weiter, pfeift dabei)*

Seppel: Komm, Fischlein, beiß' an, damit die Grete und ich heut' zu den Bratkartoffeln leckeren Fisch essen können! *(Er beugt sich nach vorn, als würde es an der Angelschnur ziehen)*

Seppel: Da! Diesmal ist es ein Fisch! Und was für ein großer, das merk' ich schon! *(zieht die Angelschnur hoch, es kommt eine Puppenwindel zum Vorschein)*

(angeekelt) Iiihhh, was ist das denn? *(löst die Puppenwindel vom Haken, wirft sie ins Publikum)* Das kann ich auch nicht gebrauchen! Ja, Donnerwetter nochmal,

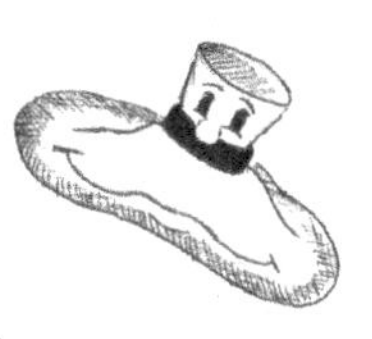

gibt's hier nur Müll und gar keine Fische in diesem trüben Teich? *(angelt weiter, pfeift dabei)*

Seppel: *(aufgeregt)* Jetzt! Jetzt hat einer angebissen! Das spür' ich, wie er zappelt! *(zum Vorschein kommt ein großer Fisch. Seppel löst ihn vom Haken)*

Du bist ein Prachtfisch, du wirst lecker schmecken!

Fisch: Wirf' mich wieder ins Wasser!

Seppel: Ein sprechender Fisch! Fische sind doch stumm!

Fisch: Ich bin ja auch kein echter Fisch.

Seppel: Ach was. Du siehst aber genau wie einer aus. Schuppen, Fischmaul, du lebst im Wasser ... also, das sieht verdammt nach Fisch aus, wenn du mich fragst.

Fisch: Ich sehe so aus, aber in Wirklichkeit bin ich ein verzauberter Prinz.

Seppel: *(angeekelt)* Also, wenn du jetzt willst, dass ich dich küsse ...

Fisch: *(ebenfalls angeekelt)* Igitt, ich will doch keinen Kuss!

Seppel: Und was willst du dann von mir?

Fisch: Dass du mich einfach wieder ins Wasser wirfst.

Seppel: Ein Prinz. Das kann ja ein jeder dahergeschwommene Fisch erzählen, damit man ihn wieder ins Wasser wirft.

Fisch: Und dann angelst du nochmal, und ich sorge dafür, dass du einen Hut an der Angel hast.

Seppel: Na, toll. Ich brauche keinen Hut. Ich brauche was zu essen. Dich.

Fisch: Nun lass' mich doch mal ausreden. Du angelst den Hut, setzt ihn auf und wünschst dir was. Das geht dann in Erfüllung.

Seppel: *(überlegend)* Wirklich?

Fisch: Ja. Und das Beste ist, das funktioniert drei Mal. Du kannst dir drei Mal was wünschen, wenn du den Hut auf dem Kopf hast.

Seppel: Und was hast du davon?

Fisch: Dass ich weiterlebe und in Ruhe auf ein nettes junges Mädchen warten kann, das mich küsst und erlöst. Wenn es nicht kommt, ist das auch nicht schlimm, das Leben als Fisch ist ganz okay.

Seppel: Du willst also doch geküsst werden!

Fisch: *(genervt)* Ja, aber nicht von dir.

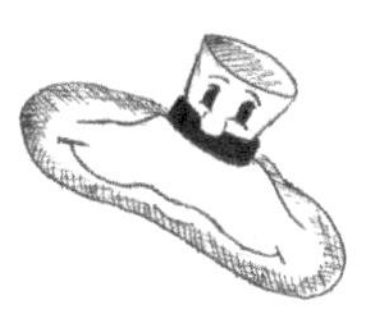

Seppel: *(zu den Kindern)* Was meint ihr, Kinder, soll ich es versuchen? (...)

Ja? Na, dann leb wohl, Fisch! *(löst den Fisch von der Angel)*

Fisch: *(während Seppel ausholt, um ihn wieder ins Wasser zu werfen)* Aber überlege dir deine Wünsche gut, du hast nur drei!

2. Akt Im Haus

Grete: *(hält eine Bratpfanne in der Hand)* Ach, immer nur Bratkartoffeln. Wie gern hätte ich ein paar schöne, saftige Bratwürstchen dazu. Aber dazu reicht das Geld nicht. *(seufzt)*

Seppel: *(ruft schon von hinten, bevor er auftritt)* Grete, Grete! Ich hab' etwas Tolles mitgebracht vom Angeln!

Grete: *(stellt die Bratpfanne am Bühnenrand ab)* Einen schönen Fisch? Das ist auch nicht schlecht.

Seppel: *(tritt auf, mit dem Hut auf dem Kopf)* Sieh' nur, ich hab' einen Hut aus dem Teich geangelt!

Grete: *(schnuppert an dem Hut, dann hält sie sich die Nase zu)* Puh, der stinkt!

Seppel: Stell' dich doch nicht so an! Das ist ein Zauberhut! Ein Wunschhut! Grete, ich habe einen verzauberten Prinzen an der Angel gehabt, und der hat mir diesen Hut verschafft, und ...

Grete: Ja, bist denn du jetzt vollkommen übergeschnappt, Seppel? Was redest du denn da für dummes Zeug? *(nimmt Seppel den Hut ab, setzt ihn sich selbst auf den Kopf)* Zauberhut, so ein Schmarrn!

Seppel: Das ist kein dummes Zeug, Grete. Wer den Hut auf dem Kopf hat, der kann sich was wünschen, und das geht in Erfüllung!

Grete: (lacht) Ach so, ja, schon klar. Ein Wunschhut. Das kennt man ja, den trägt heutzutage ein jeder. Also, lieber Wunschhut, dann wünsch' ich mir doch gleich mal zwei fette, saftige Bratwürstel in die Pfanne!

(Es donnert mächtig – der assistierende Mitspieler schlägt auf eine Trommel oder Ähnliches –, und Seppel, Grete und die Bratpfanne verschwinden kurz. Als sie wieder auftauchen, liegen zwei Bratwürste in der Pfanne)

Grete: *(erfreut, reibt sich den Bauch)* Bratwürste! Mmh, lecker! Der Wunschhut ist super, Seppel!

Seppel: *(wütend, nimmt Grete den Wunschhut vom Kopf und setzt ihn sich selbst auf)* Du dämliche Grete, du! Jetzt ist ein Wunsch schon weg! Wir haben doch nur drei!

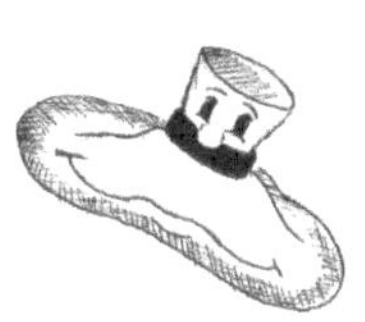

Wie kann man nur so dumm sein! Ich wünschte, die Bratwürstel würden dir an der Nase hängen!

(Es donnert wieder mächtig, Seppel, Grete und die Pfanne verschwinden wieder, hinter der Bühne befestigt der assistierende Mitspieler die beiden Bratwürste an Gretes Nase)

Grete: Oh weh! Die Bratwürstel hängen mir an der Nase! Du Trottel, Seppel! Du hattest den Wunschhut auf dem Kopf, als du gesagt hast, die Bratwürstel sollen mir an der Nase hängen! Jetzt haben wir den Salat!

Seppel: *(lacht)* Nein, jetzt hast du die Bratwürstel an der Nase! Du schaust lustig aus, Würstel-Grete!

Grete: *(weint)*

Seppel: *(neckend):* Würstel-Grete! Würstel-Grete!

Grete: *(weint laut und herzzerreißend)* So traue ich mich nie mehr aus dem Haus! Uhuhu!

Seppel: *(mitleidig)* Nun hör' schon auf zu weinen, Grete. *(zerrt an den Würstchen)* Das haben wir gleich. Hau-ruck! Hau-ruck!

Grete: Aua! Hör auf, Seppel! Das tut so weh, als wenn die Bratwürste ein Teil von meiner Nase wären!

Seppel: *(überlegt)* Oh je, die arme Grete. Das kann ich ihr nicht antun, ihr Leben lang mit Bratwürsteln an der Nase herumzulaufen. Es nützt nichts. Ich muss den letzten Wunsch opfern.

Grete: *(weint)* Uhuhuhu. Bratwürstel an der Nase.

Seppel: Warte, Grete, gleich sind die Würstel wieder weg. *(laut)* Ich wünsche, dass die Bratwürste von der Grete ihrer Nase verschwinden und wieder in der Pfanne liegen!

(Erneut Donner, alle verschwinden, dann tauchen Grete – ohne Bratwürste an der Nase, Seppel und die Pfanne – mit den Bratwürsten darin – wieder auf.)

Grete: *(befühlt ihre Nase, dann gibt sie Seppel einen Kuss auf die Wange)* Danke, Seppel.

Seppel: Schau nur, leckere, saftige Bratwürstel! Lang' zu, Grete, die haben wir uns verdient, oder?

Ende

Der Geist der Äpfel

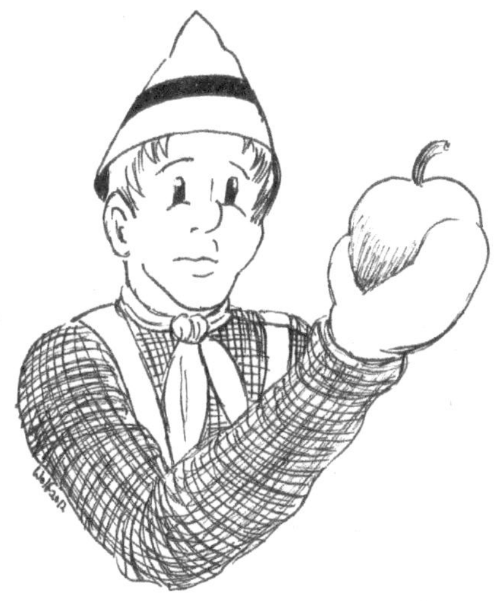

Für Kinder ab zwei Jahren

Inhalt: Dies ist ein lustiges kleines Lehrstück zum Thema „gesundes Obst“: Seppel jammert, dass er einen Apfel essen muss, weil er sonst von der Mutter keine Süßigkeiten mehr bekommt. Aber er mag nicht, besonders nicht, weil die Mutter ihm gesagt hat, dass in dem Apfel Vitamine sind. Er hält Vitamine für kleine Tierchen, die im Apfel herumkrabbeln, und ekelt sich. Während er Kasper zu überreden versucht, den Apfel zu essen, meldet sich der Geist der Äpfel und klärt Kasper und Seppel darüber auf, dass Vitamine gesund und Äpfel lecker sind.

Zu diesem Stück: Manchmal braucht es einen kleinen Anstoß zur gesunden Zwischenmahlzeit. Allerdings sollte so viel „Botschaft“ zum Ausgleich lustig verpackt werden, deshalb darf der Geist der Äpfel ruhig eine besonders tiefe oder helle Stimme haben und sollte die Worte „sooo dummm" schön in die Länge ziehen.

Figuren:
Kasper, Seppel, Apfel

Spieler: 1

Was sonst noch gebraucht wird:
nichts. Wer mag, kann allerdings weiteres Obst mitmachen lassen ...

Spielort: **zu Hause**

Kasper: Tri, tra, trullala, tri, tra, trullala, der Kasper, der ist wieder da. Hallo, Kinder, seid ihr alle da? (...)

Ich hab' da so ein Murmeln gehört, komisch. Hallooo, Kinder, seid ihr alle da? (....) Also doch, hallo, Kinder.

Seppel: *(aus dem Hintergrund, weinerlich)* Kasper, Kasper!

Kasper: Ja, hallo Seppel, wo steckst du denn?

Seppel: *(taucht auf)* Hier stecke ich.

Kasper: Und warum ziehst du dann so ein Gesicht wie drei Tage Regenwetter? Sieh' mal nach draußen, die Sonne lacht, die Vögelein zwitschern.

Seppel: Ich will nicht, ich mag nicht, ich ess das nicht. Da kann sie sich auf den Kopf stellen.

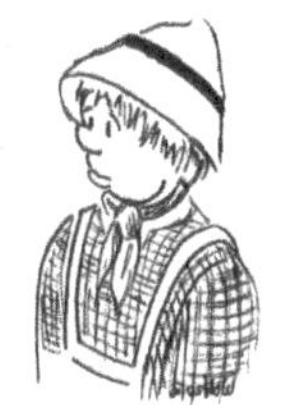

Kasper: Wer denn bittschön? Was denn bittschön? Ich verstehe kein Wort. Kinder, versteht ihr, was der Seppel für ein Zeug daherredet? (...)

Seppel: Schau, Kasper, dieser Apfel.

Kasper: Lecker.

Seppel: Nein, nicht lecker. Der ist voll mit *(angeekelt)* Vi-ta-mi-nen.

Kasper: Vitaminen?

Seppel: *(nickt heftig)* Ja, eklig, was? Meine Mama hat gesagt, da stecken ganz viel Vitamine drin. *(schüttelt sich)* Ich will diese Dinger aber nicht mitessen. Auf keinen Fall tue ich das. Da kann sie sich auf den Kopf stellen.

Kasper: Das würde ich auch gern mal sehen, wie sich deine Mama auf den Kopf stellt!

Seppel: Das sagt man doch nur so. Und sie wird sich auch nicht auf den Kopf stellen. Ich weiß schon, was sie macht, wenn ich diesen ekligen Apfel nicht esse. Das hat sie mir nämlich gesagt. Sie gibt mir keine Süßigkeiten mehr.

Kasper: Oh.

Seppel: Ja, furchtbar, oder? Keine Gummibärchen mehr.

Kasper: Und keine Lakritzschnecken?

Seppel: *(schüttelt den Kopf, gibt winselndes Geräusch von sich)*

Kasper: Schokolade?

Seppel: *(schüttelt den Kopf, winselt)*

Kasper: Kuchen? Kaubonbons?

Seppel: *(schüttelt noch stärker den Kopf, noch stärkeres Winseln)*

Kasper: Oh je. Du Ärmster.

Seppel: Ich habe eine Idee! Kannst du nicht den Apfel essen?

Kasper: Igitt, nein!

Seppel: Du kriegst auch was von meinen Süßigkeiten ab, ja?

Kasper: Na gut. Zeig mal her. *(nähert sich dem Apfel, beugt sich zurück, um Anlauf zum Abbeißen zu nehmen, hält inne).* Sag nochmal, Seppel, wie war das mit den Vitaminen? Die krabbeln darin herum?

Seppel: *(nickt)*

Kasper: Also weißt du, wenn da so kleine Viecher drin rumkrabbeln, nachher krabbeln die mir im Bauch herum. Pfuiteufel.

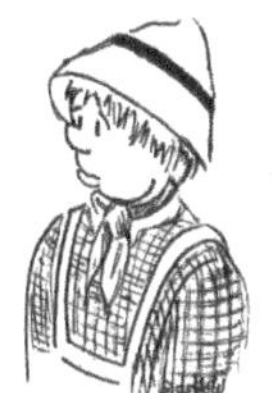

Apfel: *(mit tiefer Stimme)* Also ehrlich, ihr seid sooooo dummmmm!

(Kasper und Seppel schauen sich an)

Kasper: Was war das?

Seppel: Weiß nicht.

Kasper: Kinder, habt ihr das auch gehört? (...) Ja?

Apfel: Ihr seid ja soooo dummmm!

Kasper: Da, schon wieder! Hallo, wer spricht denn da?

Apfel: Soooo dummmm.

Kasper: Also jetzt reicht es! Wir wissen es langsam, okay?

Apfel: Soooo dummmm!

Kasper: Also gut, wir sind dumm, aber wer bist du?

Apfel: Na, der Geist der Äpfel.

Kasper: *(schaut den Apfel an)* Ja, ja, der Apfel, schon klar. Seit wann kann ein Apfel sprechen?

Apfel: Wenn er Kinder trifft, die soooo dummmm sind, dass sie nicht wissen, was Vitamine sind, dann melde ich mich. Ich bin der Geist der Äpfel.

Seppel: *(hält den Apfel ans Ohr)* Psst, du, Kasper, die Stimme kommt wirklich aus dem Apfel, glaube ich.

Apfel: Buh!

(Seppel erschrickt, hält den Apfel wieder weiter weg)

Apfel: Natürlich habe ich gesprochen.

Kasper: Wie meinst du das, wir sind so dumm, dass wir nicht wissen, was Vitamine sind? Natürlich wissen wir, was Vitamine sind. Das sind so kleine eklige Dinger, die in dir herumkrabbeln. Und die wir mitessen sollen.

Apfel: *(stöhnt auf)* Blödsinn. Das stimmt doch gar nicht. Das weiß doch jedes Kind besser. Frag nur die Kinder, was Vitamine sind. Die wissen das.

Kasper: Also gut. Kinder, was sind Vitamine? (...)

Kasper: Die sind gesund?

Apfel: Du sagst es. Vitamine kann man nicht sehen, und das sind auch keine Viecher, sondern winzig kleine Stoffe. Die stecken in jedem Apfel und in jeder Birne und in jeder Banane und in jeder Weintraube und in jeder Orange und in jeder Kirsche und ...

Kasper: Schon gut, schon gut. Ich hab's kapiert.

Apfel: Und sie sind gesund.

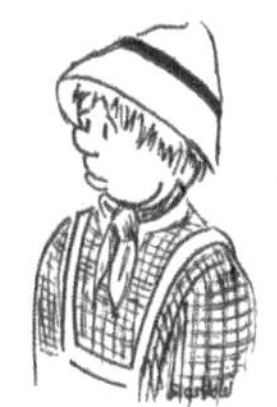

Seppel: Das hat meine Mama auch gesagt.

Apfel: Na also. Dann guten Appetit.

Seppel: Jetzt kann ich dich doch nicht essen, wo wir so nett miteinander geplaudert haben.

Apfel: Doch, kannst du. Ich bin nicht der Apfel, sondern ich bin der Geist aller Äpfel. Ich melde mich nur, wenn ich Kindern begegne, die sooooo dummmmm sind, dass sie keinen Apfel essen wollen. Soooo dummmm, sooo ...

Seppel: Ja, ja, wir haben es verstanden. Ich soll dich also essen.

Apfel: *(genervt)* Nicht mich. Ich bin doch der Geist aller Äpfel, wie oft soll ich das denn noch sagen. Du sollst den Apfel essen.

Seppel: Also gut. *(schnuppert an dem Apfel)* Riechen tut er gut.

Apfel: Nun mach' schon, und guten Appetit!

Seppel: (beißt in den Apfel): Hm, lecker!

Kasper: Lass' mich auch mal abbeißen! *(beide fallen über den Apfel her, verschwinden damit von der Bühne)*

– Ende –

Kasper fährt zum Mond

Für Kinder ab vier Jahren

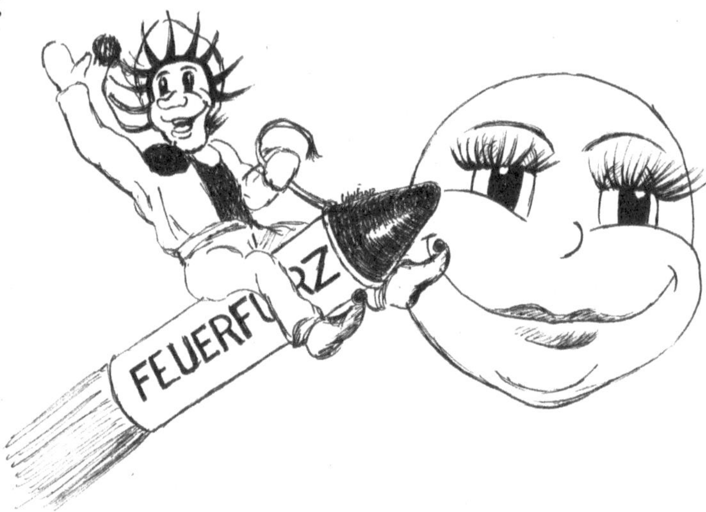

Inhalt: Kasper fährt mit seiner Rakete zum Mond, und die Kinder begleiten ihn auf dieser abenteuerlichen Reise durch das dunkle Universum des Kinderzimmers. Sie sehen die Erde einmal von oben, unterhalten sich mit dem Mann im Mond, der sich als Frau herausstellt, und kehren schließlich, mit „Mondwatte" beschenkt, wieder auf die Erde zurück.

Zu diesem Stück: Dieses Kasperletheaterstück eignet sich sehr gut als Einstimmung zum Schlafen, aber auch, wenn man z. B. bei einer Geburtstagsfeier möchte, dass die Kinder nach heftigen Tobe-Spielen wieder etwas zur Ruhe kommen.

Figuren:
Kasper, Mond/Luna

Spieler: 1 Erwachsener, 1 Assistent (für Licht- und Toneffekte)

Was sonst noch gebraucht wird: Eine Rakete für Kasper kann man leicht aus einer alten Küchenrolle selbst basteln. An einem Ende wird ein aus Pappe geformter Trichter als „Raketenspitze" aufgeklebt. Wahrscheinlich werden die Kinder gern beim Gestalten und Bemalen der Rakete helfen. Dann wird ein Mond mit einem weiblichen, freundlichen Gesicht gebraucht, er kann aus Pappe gestaltet werden. Ansonsten wird noch eine Taschenlampe benötigt, eine Trommel, ein verdunkeltes Kinderzimmer, ein DVD-Spieler mit Meditationsmusik – und als wichtigstes Requisit frische Mondkraterwatte (Zuckerwatte).

Spielort: **zu Hause**

Kasper: Tri, tra, trullala, tri, tra, trullala, der Kasper, der ist wieder da. Hallo, Kinder! (...) Seid ihr alle da? (...)

Ich bin schon ganz aufgeregt. Heute ist ein besonderer Tag, ein famoser Tag, ein super-duper-mega-aufregender Tag. Wisst ihr, warum? (...)

Nein? Dann spitzt schön die Ohren, Kinder. Heute, also heute, da wird der Kasper *(zeigt auf sich)* – also das bin ich – zum berühmtesten Menschen auf der ganzen Welt. Jaha, ich werde weltberühmt. Denn ich bin ein Erfinder, ich habe etwas Tolles erfunden, etwas Fantastisches. Ratet mal, was es ist!

Kasper: *(Wenn sie richtig raten)* Eine Rakete, genau! Wartet, ich zeige sie euch!

(Wenn sie **nicht** *richtig raten) Nein, das ist es nicht!* Wartet, ich zeige euch, was ich erfunden habe! *(Kasper verschwindet hinter der Bühne, kommt wieder, die Rakete in den Händen und sagt)*

Die Kinder werden Augen machen, ja, das werden sie. Riesige Augen werden die machen, so groß wie fliegende Untertassen, wenn sie sehen, was ich erfunden habe.

Kasper: *(kommt mit der Rakete zum Vorschein)* Hier ist sie, meine Feuerfurz. Seht mal, Kinder, hier ist meine Rakete Feuerfurz. Mit der fliege ich heute zum Mond. Habt ihr Lust, mitzukommen? (...)

Ja? Na, dann los! Sobald es Nacht ist, startet die Rakete!

(Der Assistent schaltet das Licht aus und legt passende Musik auf, z. B. Meditationsmusik. Dann hält er den Strahl einer Taschenlampe auf Kasper, der sich auf seine Rakete setzt.

Seid ihr bereit, Kinder? (...)

Dann geht's los! Achtung: Jetzt!

(Kasper gibt Geräusche von sich, die den Kindern zeigen, dass die Rakete jetzt startet. Dabei sitzt er auf der Rakete, die steil nach oben zeigt).

Kasper: Hui, wir fliegen! Wir fliegen wohl hinaus in die Welt! Bis zum Mond und den Sternlein am Himmelszelt!

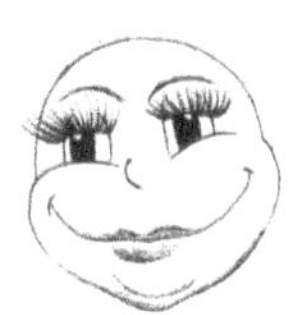

(Jetzt kann man, wenn die Kinder dazu in der Stimmung sind, eine Weile die Fahrt genießen zu den Klängen der Musik)

Kasper: Da ist schon der gute alte Mond! Wisst ihr was, Kinder? Ich werde den Mann im Mond besuchen, kommt ihr mit? (...)

Mond: *(kommt langsam aus der Tiefe, bleibt vor Kasper stehen)* Guten Tag! Wer bist du?

Kasper: Guten Tag, lieber Mann im Mond. Ich bin der Kasper von der Erde.

Mond: *(mit hoher Stimme)* Ich bin kein Mann, ich bin eine Frau.

Kasper: *(verwundert)* Aber es heißt doch „Mann im Mond"! *(wendet sich an die Kinder)* Oder nicht, Kinder? *(singt)* La, le, lu, nur der Mann im Mond hört zu, wie die kleinen Babys schlafen, drum schlaf auch du. Da hast du's, Mann im Mond.

Mond: Ja, soll ich jetzt so tun, als ob ich ein Mann wär', nur damit das Lied stimmt?

Kasper: Da hast du auch wieder Recht, Frau im Mond.

Mond: Du kannst Luna zu mir sagen.

Kasper: Schöner Name. Sag mal, Luna, bist du ganz allein hier?

Luna: Ja, allerdings. Aber das ist nicht schlimm, denn manchmal bekomme ich Besuch von Aliens.

Kasper: Echt, jetzt? Hier waren schon mal Aliens? Ist das krass! Wie sehen die denn aus?

Luna: Na, so wie du. Du bist doch auch ein Alien.

Kasper: Nein, ich bin ein Mensch, kein Alien!

Luna: Also für mich sind alle Lebewesen, die hier auf meinen Planeten kommen, Aliens. Von der Erde waren schon ein paar Aliens hier.

Kasper: Und von anderen Planeten?

Luna: Da kommen ständig welche vorbei, besonders im Mondsommer. Denn dann werden die Zuckerwattekrater auf der anderen Seite aktiv. Ihr Menschen-Aliens könnt das nicht wissen, ihr seht ja immer nur die eine Seite.

Kasper: Zuckerwattekrater? Das gibt's doch gar nicht.

Luna: Doch, hier auf dem Mond schon. Die Zuckerwattekrater spucken tonnenweise Zuckerwatte aus, wie riesige, klebrige Vulkane, und nach und nach schiebt sich die ganz Mondwatte immer weiter vor, und alles wird weiß. Dann kommen die Aliens aus der Milchstraße, zu Tausenden, zur Mondwatte-Ernte. Sie schaffen es nie, alle Zuckerwatte abzupflücken, deshalb bin ich so weiß. Nur an den paar Stellen, die sauber abgegessen wurden, sieht man wieder dunklere Stellen.

Kasper: So richtig zum essen, die Zuckerwatte? Echt?

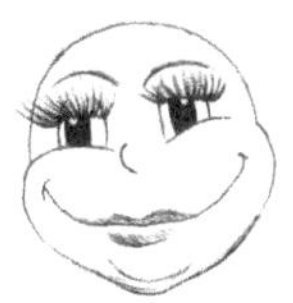

Luna: *(nickt)* Nimm dir doch was mit! Nimm welche von dort drüben, der Zuckerwattekrater ist gestern erst ausgebrochen. Frisch schmeckt sie am besten!

Kasper: Na, das lasse ich mir nicht zweimal sagen! Danke, Luna! *(verschwindet hinter der Bühne)* So, hier sammle ich ein bisschen, und hier auch, und hier noch. Jetzt in die Tüte damit, und fertig! *(taucht wieder auf)* Danke, Frau Luna! Jetzt schnell nach Hause!

Luna: Auf Wiedersehen, Kasper! Und singe demnächst das Lied richtig, hast du gehört?

Kasper: *(singend)* La, le, lu, nur die Frau im Mond schaut zu, wie die kleinen Babys schlafen, drum schlaf auch du! – So richtig?

Luna: Ja, prima!

Kasper: *(ruft)* Feuerfurz, komm, meine kleine Rakete, bringe mich schnell wieder zur Erde zurück!

(Erneut erklingt Musik, Luna verschwindet, dafür taucht Feuerfurz wieder auf. Kasper fliegt durch die Dunkelheit, dann stoppt die Musik, das Licht wird hell, Kasper landet).

Kasper: Frische Mondkrater-Zuckerwatte für alle! Wer will? *(verteilt die Zuckerwatte)*

– Ende –

Seppel wird ein Krokodil

Für Kinder ab vier Jahren

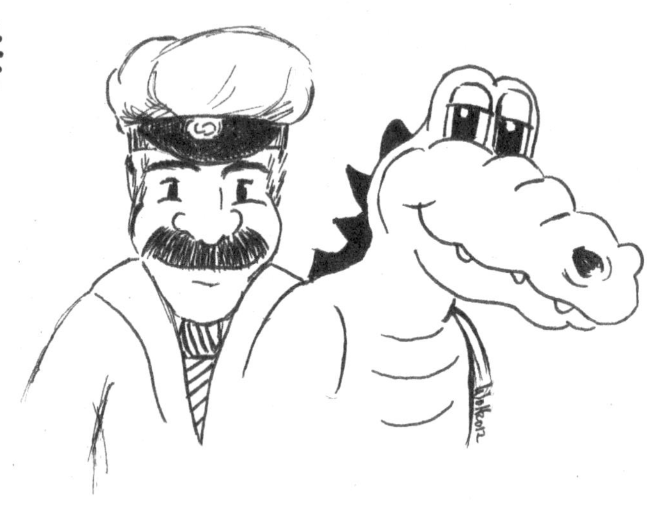

Inhalt: Kasper und Seppel wollen per Flugzeug zum Nil fliegen, doch im letzten Moment stellt Seppel fest, dass er seine Papiere vergessen hat. Zum Umkehren ist es zu spät, aber glücklicherweise begegnet den Freunden die Hexe Schrumpfnas am Flughafen und hat eine Idee, wie Seppel ohne Papiere mit ins Flugzeug kommt: Sie verwandelt Seppel in das Krokodil „Kroko" und tischt dem Polizisten eine so herzzerreißende Geschichte auf, dass er Mitleid mit Kroko hat und ihn im Frachtraum mitfliegen lässt.

Zu diesem Stück: Dieses lustige Verwandlungsstück lebt davon, wie sehr Seppel bzw. das Krokodil mit der haarsträubenden Geschichte übertreiben. Die Krokodilstränen von Kroko können gar nicht dick genug sein …

Figuren:	**Was sonst noch gebraucht wird:**
Kasper, Seppel / Krokodil, Hexe Schrumpfnas, Polizist	Zwei Spielzeug-Handys, ggf. auch selbstgebastelt aus Pappe
Spieler: 2	**Spielort** **Vor dem Flughafen**

Kasper: *(mit einem Spielzeug-Handy, kommt rückwärts auf die Bühne)* Ja, hallo Seppel. Ich wollte nur fragen, ob du alles eingepackt hast für die Reise.

Seppel: *(hat ebenfalls ein Spielzeug-Handy am Ohr, kommt von der anderen Seite rückwärts auf die Bühne)* Ja, klar habe ich alles. Sag mal, denkst du, ich bin blöd? *(Die beiden stoßen mit dem Rücken aneinander.)*

Kasper: Oh, da bist du ja!! Ich leg dann mal auf.

Seppel: Ja, gut, ich auch!

Kasper: Tschüs, Seppel!

Seppel: Ja, tschüs, Kasper!

Kasper: *(legt das Handy ab)* Hallo.

Seppel: Hallo.

Kasper: Noch einmal, hast du alles für die Reise?

Seppel: *(legt auch das Handy beiseite, stolz)* Ja, klar. Mein Handy, meine schöne neue Armbanduhr, die ich zum letzten Geburtstag von der Tante Ludowina bekommen hab', und dann natürlich die Fotos von der Mama und vom lieben Hundi, dem Wasti, und einen Schokoriegel, nein, zwei, und ein paar Kaubonbons für die lange Reise. Ist ja lang bis zum Nil, oder? Und mein Taschenmesser, und den Glücksstein, den ich am See gefunden habe.

Kasper: Und wie ist es mit deinem Ausweis, mit Geld und deinem Ticket?

Seppel: Äh ....

Kasper: Sag' bloß nicht: Oh, die habe ich ganz vergessen.

Seppel: *(schweigt)*

Kasper: Hast du sie vergessen?

Seppel: Das soll ich doch nicht sagen.

Kasper: Also hast du sie jetzt dabei oder nicht?

Seppel: (jammert) Buhuhu. Was soll ich denn jetzt machen.

Kasper: Du hast das Wichtigste vergessen?

Seppel: Buhuhu, ja.

Kasper: Was? Wirklich alles vergessen, was du unbedingt brauchst?

Seppel: Alles. Geld, Tickets, Pass. Liegt alles bei mir zu Hause. Oh nein, jetzt kann ich nicht mit dir in den Urlaub fliegen! Wenn ich nach Hause laufe, um die Sachen zu holen, fliegt das Flugzeug ohne mich.

Kasper: Das stimmt. Es ist keine Zeit mehr.

(Seppel fängt bitterlich an zu weinen. Während er weint, tritt die Hexe Schrumpfnas auf)

Schrumpfnas: Was heulst du denn? Der Boden ist ja schon ganz glitzschig von deinen Tränen.

Seppel: Ich habe mein Ticket, den Pass und das Geld vergessen. Jetzt kann ich nicht mitfliege. Buhuhu. Ich habe mich so auf den Urlaub am Nil gefreut.

Schrumpfnas: Ihr fliegt zum Nil? Na, so ein Zufall. Da will ich auch hin.

Kasper: Warum nimmst du nicht deinen Hexenbesen, Schrumpfnas'?

Schrumpfnas: Bist du verrückt? Das ist in Afrika, das ist viel zu weit. Das habe ich einmal gemacht und nie wieder. Eine Woche war ich unterwegs und habe mir beim Flug über die Berge und das Meer eine schlimme Erkältung eingefangen.

Seppel: Buhuhu, ich kann nicht mitfliegen.

Schrumpfnas: Nun heul doch nicht so, das ist ja nicht zum Aushalten. Ich habe eine Idee, wie wir dich ins Flugzeug kriegen!

Seppel: *(hoffnungsvoll)* Ja, wie denn?

Schrumpfnas: Ich verwandele dich in ein Krokodil, und wenn wir angekommen sind, wieder in Seppel zurück.

Kasper: Aber das Krokodil hat doch auch keinen Ausweis, kein Geld und ein Ticket schon erst recht nicht.

Schrumpfnas: Lass' das meine Sorge sein. *(beschwörend)* Seppel, schneppel, deppel, wirst ganz schnell und fix, ein großes Krokodix, ein grünes Krokodil, und fliegst mit uns zum Nil!

(Es erklingt ein Gong oder Ähnliches, Seppel verschwindet kurz und taucht als Krokodil wieder auf)

Kasper: *(lacht)* Seppel, du hattest ja immer schon ein großes Maul, aber jetzt ist es seeehhhr groß!

Krokodil: Ha, ha. Wenn du noch mehr Witze machst, fresse ich dich *(öffnet das Maul).*

Schrumpfnas: Das lass' schön bleiben, Seppel. Wir schauen lieber, dass wir dich ins Flugzeug kriegen.

Kasper: Schrumpfnas, das war doch eine blöde Idee, Seppel in ein Krokodil zu verwandeln. Als Mensch wäre es schon schwierig gewesen, so ohne Ticket, aber als Krokodil, na, ich weiß nicht, ob er da ins Flugzeug reingelassen wird.

Schrumpfnas: Achtung, da vorn ist ein Polizist!

Polizist: Halt! Sie da mit dem Krokodil! Sofort stehen bleiben!

Schrumpfnas: Darf ich vorstellen, Herr Wachtmeister, das ist der Kroko. Der wohnt im Nil *(zum Krokodil, seinen Kopf tätschelnd)* und ist ein ganz Lieber, nicht wahr, Kroko?

(Das Krokodil nickt)

Kasper: *(streichelt das Krokodil)* So ein Krokodil ist ja sehr dumm, müssen Sie wissen, Herr Wachtmeister. Der Kroko tut keiner Fliege etwas zuleide.

Krokodil: *(schnappt mit dem Maul nach Kasper)*

Polizist: Hat der gerade gebissen?

Kasper: I wo. Der beißt nicht. Der will nur spielen. Gell, Kroko?

(Das Krokodil nickt)

Schrumpfnas: Ja und wissen Sie, unser Kroko hier hatte solches Pech. Er ist ganz friedlich im Nil geschwommen, da kam ein Wilddieb und hat ihn gefangen. Eine Handtasche hat er aus ihm machen wollen! *(Das Krokodil beginnt herzzerreißend zu weinen.)*

Polizist: *(mitleidig)* Sind das etwa Tränen?

Kasper: Ja, Herr Wachtmeister, ganz recht. Dicke, traurige Krokodilstränen. Uns tat Kroko auch so leid, darum bringen wir ihn jetzt wieder nach Hause.

Schrumpfnas: Ja, zum Nil bringen wir den armen Kroko. Da schwimmen nämlich Mama und Papa Krokodil im Nil und sind furchtbar einsam ohne ihren kleinen Kroko. Also, bitte, Herr Wachtmeister, haben Sie ein Herz und lassen Sie uns ins Flugzeug!

Polizist: *(streichelt das Krokodil)* Na, mein Kleiner? Willst du wieder nach Hause zurück? *(Krokodil nickt heftig)* Na gut! Aber das Krokodil muss im Frachtraum mitfliegen! Heute wird nur Schokolade geflogen, da ist noch genug Platz für ein Krokodil!

(Polizist ab. Kasper, Krokodil und Schrumpfnas tanzen fröhlich)

Kroko: Ich freue mich schon auf die Schokolade im Frachtraum!

– Ende –